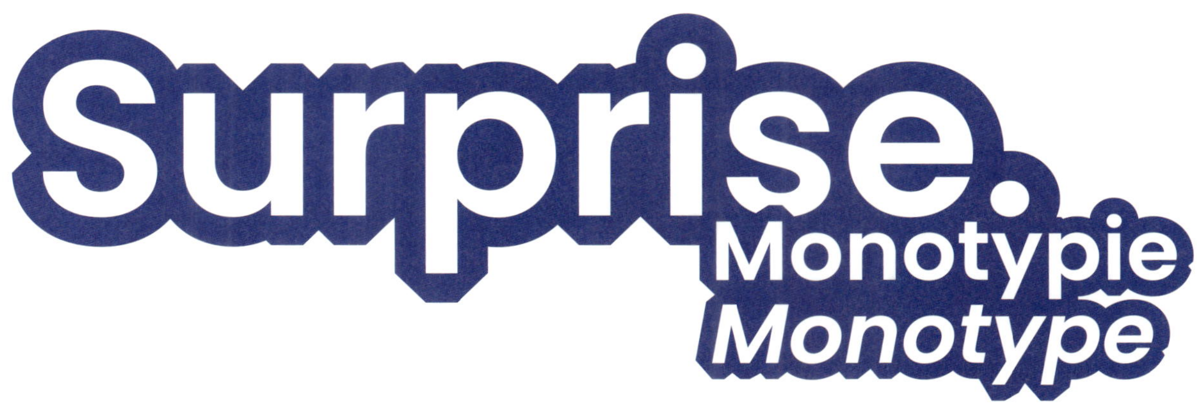
Surprise.
Monotypie
Monotype

INHALT
CONTENTS

Wenn der Zufall
nicht wär, wie viel
gelinget denn in
der Welt?

———

*How would any-
thing succeed
if it weren't for
chance?*

Johann Nestroy

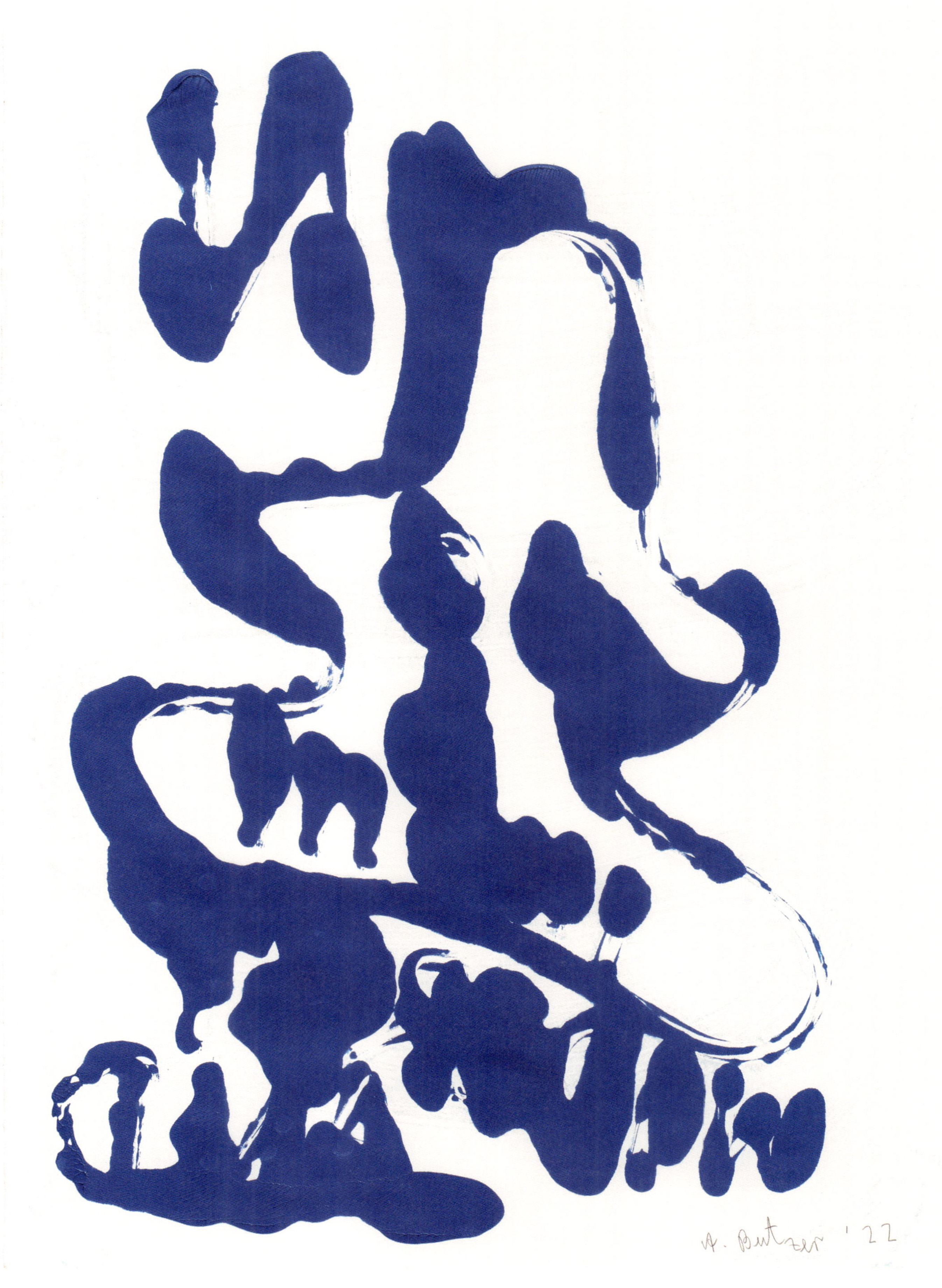

André Butzer

Ohne Titel (N WIDERSTAND), 2022

VORWORT
Susanne Pfleger

Ein Sammlungsschwerpunkt der Städtischen Galerie Wolfsburg liegt auf der Grafik. Zahlreiche Werke des umfangreichen Bestands sind in der Druckwerkstatt im Schloss Wolfsburg entstanden, ein Alleinstellungsmerkmal unseres Museums. Hier arbeiten Künstler*innen in der einzigartigen Atmosphäre von Schloss Wolfsburg im Dialog mit der Sammlung und dem Ausstellungsbetrieb. Wir richteten daher mit dem Ausstellungsprojekt *Surprise* den Fokus auf eine besondere Technik: die Monotypie. Mit den Werken von über zehn internationalen Künstler*innen wurde das Medium in seinen verschiedenen Facetten vorgestellt. Die Monotypie ist eine spannende Verbindung von Malerei, Zeichnung und Grafik. Das um 1640 erstmals eingesetzte Verfahren erlebte im 19. Jahrhundert einen ungeahnten Siegeszug. Insbesondere die Impressionisten schöpften die Potenziale dieser zwischen Zeichnung und Druck oszillierenden Technik virtuos aus. Das Verfahren fordert zur raschen Umsetzung eines Bildes auf und übersetzt die künstlerische Handschrift wirkungsvoll ins gedruckte Bild.
Nicht eine feste, plastische Druckform bestimmt das Bild, sondern die Art und Weise, wie die Farbe auf eine ebene Fläche aufgetragen und davon wieder abgenommen wird. Viele Ideen ergeben sich während des Druckens, wenn mit dem Verfahren experimentiert wird. Die Verbindung zur Druckgrafik ist darin zu sehen, dass die Bildfläche nicht direkt,

das heißt auf dem Papier, sondern in mittelbarer Arbeitsweise, also auf der Platte, bearbeitet wird. Es entsteht immer ein Unikat.
Wenn die Monotypie aber nur Unikate herstellt, wieso wird dann überhaupt mit einem mechanischen Vorgang – dem Druck – gearbeitet, der doch gemeinhin dem Zweck der Vervielfältigung dient? Und welche Rolle spielt der Druck als sinnstiftendes Moment, wenn der monotypische Grund später bei einigen Künstler*innen durch weitere Eingriffe überlagert wird? Ausgehend von der Hybridität des Mediums, gingen wir im Rahmen der Ausstellung diesen Fragen nach. Ein Fokus lag ebenso auf dem Phänomen Zufall, der bei der Erstellung einer Monotypie stets als gestaltende Kraft mitwirkt.
Die Monotypie wurde lange Zeit als Randerscheinung der bildenden Kunst betrachtet. In der kunstwissenschaftlichen Literatur fand sie bis in die zweite Hälfte des 20. Jahrhunderts nur wenig Beachtung. Es war unser Ziel, das Medium Monotypie wieder stärker in den Diskurs zu bringen, und wir freuen uns über die große Resonanz, die das Projekt gefunden hat. Sowohl bei Laien wie auch bei Künstler*innen und Hochschulen wurden Neugier und Interesse geweckt an dieser faszinierenden Technik. Die große Vielfalt und das Nicht-Planbare sowie das Moment der Überraschung sind dabei wesentliche Faktoren. Es hat uns besonders gefreut, dass einige Künstler*innen, die bisher noch nicht

mit dieser Technik gearbeitet hatten, nach dem Besuch der Ausstellung den Wunsch äußerten, mit Monotypie zu experimentieren.

Mit der vorliegenden Publikation soll der Diskurs über die Ausstellung hinaus weitergeführt werden, verbunden mit der Hoffnung auf spannende Nachfolgeprojekte. Das Buch versteht sich als Auftakt. Es werden exemplarisch einige künstlerische Positionen vorgestellt, ohne jede Hierarchie oder einen Anspruch auf Vollständigkeit, um die Ästhetik der Monotypie und die große Bandbreite zu vermitteln.

Das Projekt wäre ohne die tatkräftige Unterstützung vor allem der Künstler*innen, Institutionen und Galerien sowie großzügiger Förderer nicht möglich gewesen. Mein Dank gilt allen Beteiligten, die durch ihre Unterstützung und ihre Ideen das Vorhaben ermöglicht und zu seinem Gelingen beigetragen haben. Besonders herzlich danke ich Matthias Kunz von der Galerie Knust und Kunz München für den freundlich-kollegialen Austausch, die tatkräftige Unterstützung und wertvolle Anregungen. Für die Bereitstellung zahlreicher Leihgaben danke ich der Galerie Eva Presenhuber, der Galerie EIGEN + ART und der Sabine Knust Stiftung. Ausdrücklich danke ich den Autor*innen, die das Thema mit ihren Beiträgen theoretisch beleuchten. Die Gestaltung lag in den Händen von Susann Dietrich. Für die großzügige Förderung danke ich dem Lüneburgischen Landschaftsverband.

FOREWORD

Susanne Pfleger

Prints are central to the collection of the Städtische Galerie Wolfsburg. Numerous works in our extensive holdings were created at the Schloss Wolfsburg printing workshop. This distinctive part of our museum offers a unique setting where artists can work in dialogue with our collection and current exhibitions.
This is why we have focused on the unique technique of the monotype in our exhibition Surprise, *in which different facets of the medium are explored through works by ten artists from around the world. The monotype is an exciting blend of painting, drawing, and printmaking. First used in around 1640, this method experienced a surge in popularity during the nineteenth century. The Impressionists in particular expertly plumbed the latent potential of this process, which oscillates between drawing and print, and requires images to be executed swiftly. As a result, the monotype powerfully translates the artist's signature style into a print.*
The image is determined not by a fixed, physical printing plate but by the manner in which ink is applied to and then removed from a smooth surface. Many ideas arise when experimenting during the production process. As in printmaking, the work is carried out on the intermediate surface of the plate, rather than directly on the support—that is, on paper. This means that each piece is unique.
Yet what is the point of working with the mechanical printing process in the first place—the epitome of mass reproduction—if monotypes are always unique prints? What is the significance of printing when some artists proceed to work on top of the monotype base at a later stage in the creative process? These questions, as well as the medium's inherent hybridity, are explored in our exhibition. We also look closely at the phenomenon of chance, which plays a decisive role in creating monotypes. Monotypes have long had a secondary status in the fine arts. Until the second half of the twentieth century, very little art-historical scholarship existed on the subject. Our goal has been to recenter the medium of the monotype in contemporary discourse, and we are delighted by how warmly our project has been received. Art enthusiasts, artists, and art schools alike have reacted to this fascinating process with curiosity and interest, not least because of medium's wide array of possibilities, inherent unpredictability, and potential for surprise. We were particularly pleased to see that our exhibition encouraged some artists who had not previously worked with the medium to experiment with monotypes.
The present volume is intended to broaden the conversation, and we hope to build on this exhibition with an exciting follow-up project—this book is only the beginning. Specific artists are introduced in order to convey the aesthetics and broad array of monotypes without implying a hierarchy or suggesting that ours is a comprehensive treatment.
This project was only possible due to the active support of the artists, institutions, galleries, and generous donors. My thanks go to all the individuals involved who contributed ideas and supported the project, thus ensuring its success. In particular, I would like to thank Matthias Kunz of Knust Kunz Gallery in Munich, for his kind and collegial input, active support, and valuable suggestions. I am indebted to Galerie Eva Presenhuber, Galerie EIGEN + ART, and Sabine Knust Foundation for making many works available. I am very grateful to the authors for illuminating the topic with their essays and to Susann Dietrich, who was responsible for the design.
I would like to thank Lüneburgischer Landschaftsverband for their generous support of the exhibition.

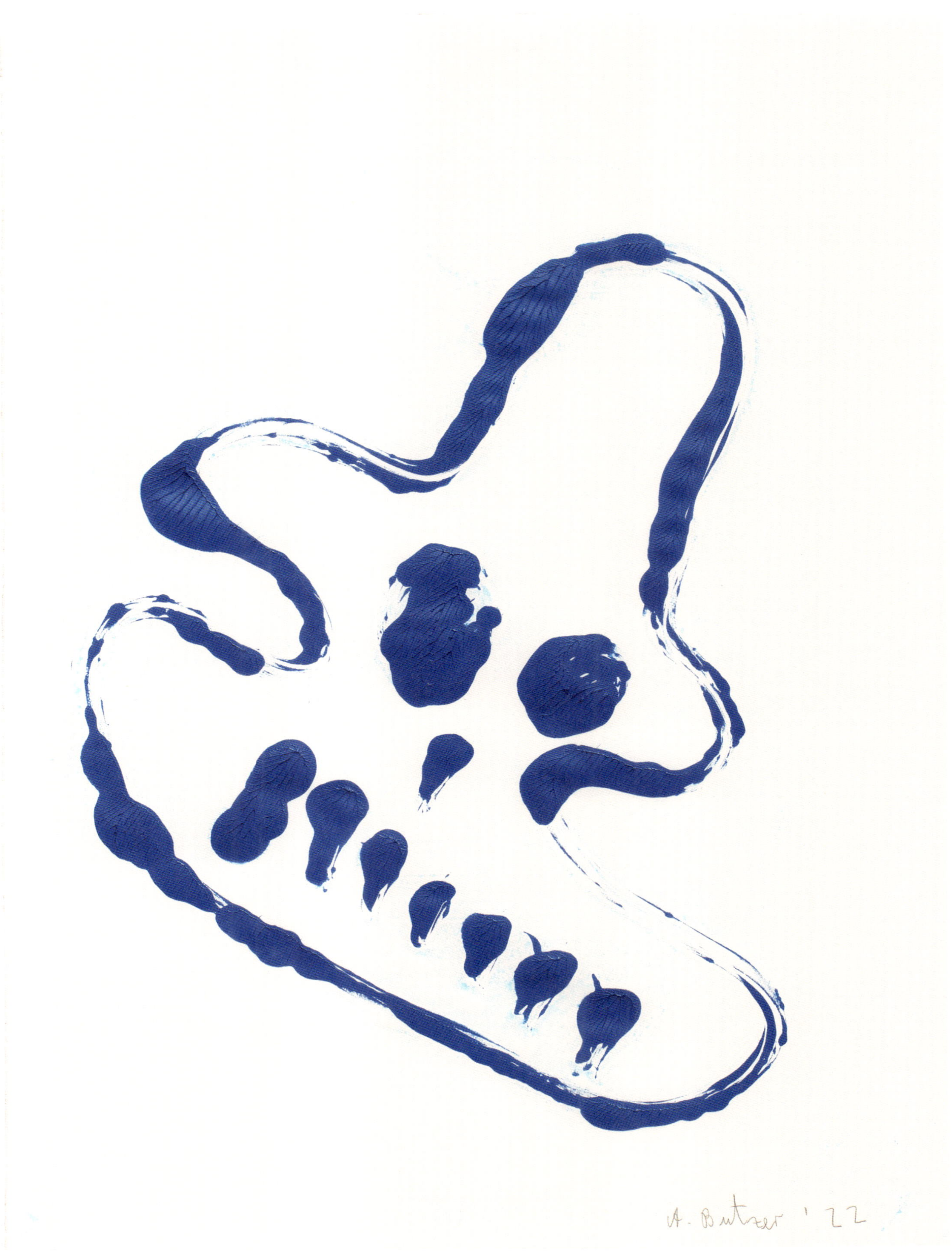

André Butzer

Ohne Titel, 2022

André Butzer

Ohne Titel (WIDERSTAND), 2022

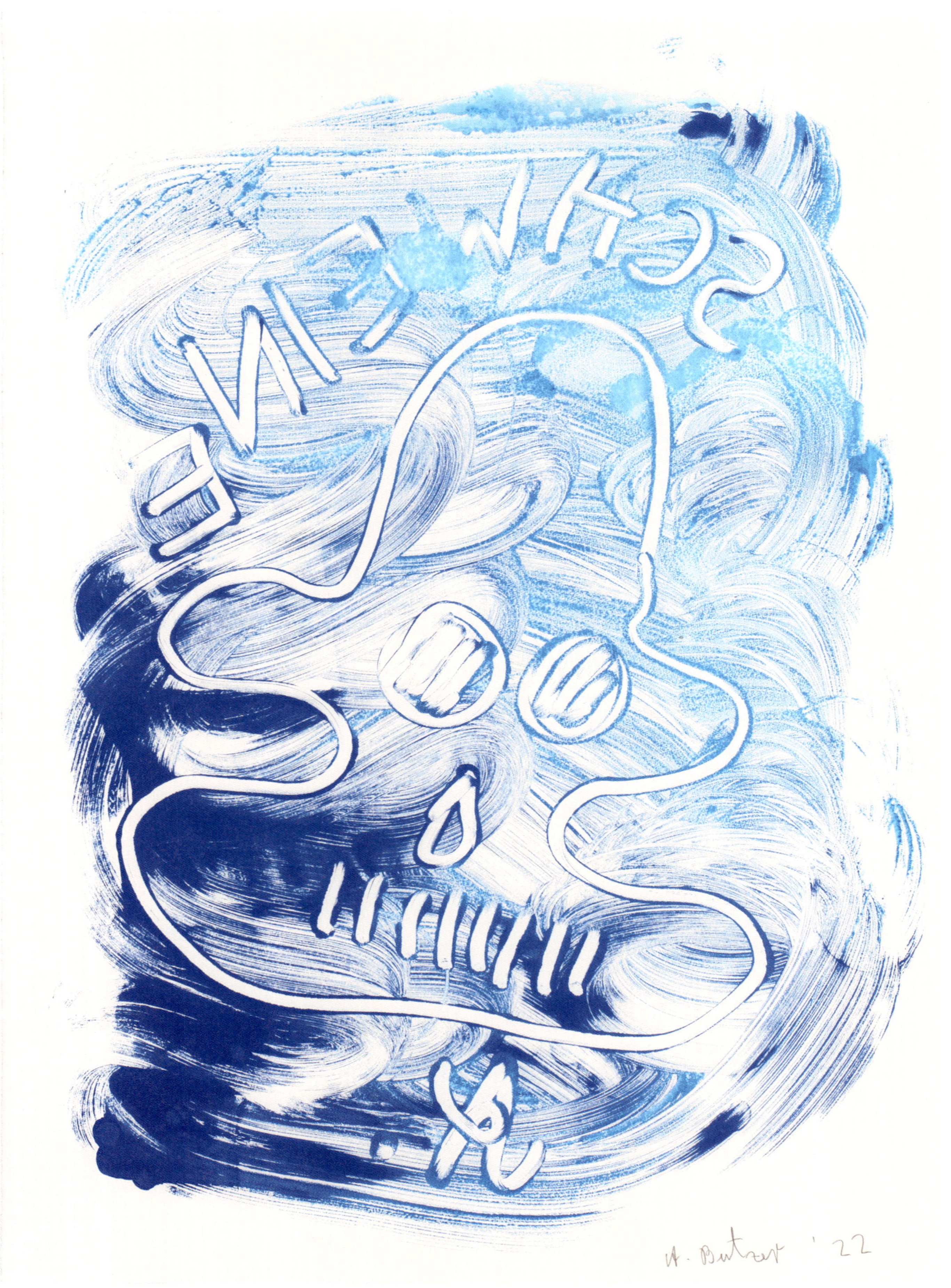

André Butzer

Ohne Titel (SCHWEINE), 2022

WIEDERHOLUNG UND NEUFASSUNG

Alexander Linn zu André Butzer
und Josef Zekoff

Die Monotypie ist ein Spiel mit Druckplatte und Motiv, Malerei und Abdruck. Dieses Spiel, die Motive umzukehren, bereitet Freude und macht Lust. Auch Neugier braucht es, um ein Abbild von einem eben gemalten Bild entstehen zu sehen. Paradox bleibt es dennoch: Nicht das auf Glas gemalte Bild ist das Kunstwerk, sondern erst der unwiederholbare Abdruck auf Papier! Zu diesem intellektuellen Zusammenspiel trafen sich der Maler André Butzer (*1973 in Stuttgart) und der Künstler Josef Zekoff (*1977 in Wien) im Jahr 2022 und schufen sechzehn Monotypien in nur einer Sitzung am Berliner Wannsee nahe der Havel. Auf demselben Papier und im selben Format entstanden die Malereien rasch und vollkommen spontan aus dem wechselseitigen Gespräch und Austausch und wurden sogleich kundig von Sarah Bogner als Drucke von den Platten abgenommen. In seinen sieben Monotypien erweitert André Butzer das ohnehin reiche Spektrum seines grafischen Œuvres um eine eindrucksvolle Reihe von ganz in Blau gehaltenen Köpfen seiner ikonischen Figur des „Schande-Mann". Obwohl nur eine Farbe benutzt wird, variieren die Blätter stark: Mal werden die Köpfe in farbsatten, kraftvollen Linien gesetzt, mal erscheinen sie geisterhaft als negativ gezogene Spur in zarten, wolkigen Flächen. Bei aller Signalhaftigkeit dieser Köpfe erinnern die getupften und gewischten Farbflächen stellenweise an die subtilen Monotypien von Edgar Degas. Seitenverkehrte appellierende Botschaften, die im Malerischen immer vollkommen aufgehen. „You must resist! Yeah" ist auszumachen. Dann wieder erscheint „[W]IDERSTAND" fragmentiert, wie

in Auflösung begriffen. Schließlich fügt sich die Schrift gänzlich zum Bild. Butzers Monotypien behalten die gesamte Dynamik und Offenheit seiner Malerei wie auch deren volle Kraft und Lebendigkeit.
Die neun Blätter von Josef Zekoff variieren das Motiv eines aufrecht stehenden, nackten männlichen Körpers, den Betrachtenden frontal zugewandt. Man ist gleichermaßen an Cézannes im Mittelmeer und Munchs in der kalten Ostsee badende Jungen erinnert oder an Picassos klassizistische Jünglingsfiguren. Zekoff verwendet dasselbe intensive Blau, erweitert es jedoch um einen samtigen Fleischton. Schnell und sicher füllt er die Formate mit diesen Körpern, die manchmal an Bruchstücke antiker Statuen erinnern. Die Körperkonturen lösen sich auf hinter den sich überlagernden, zügig mit dem Pinsel aufgebrachten Flächen. Und gerade da, wo beide Farben aufeinandertreffen und interagieren, Zekoff Farbe wegkratzt und überdruckt, entstehen wunderbar differenzierte Partien voll malerischer Gestik, die in dieser Art nur die Monotypie erreichen kann.
An diesen Blättern fasziniert die Unmittelbarkeit und nahezu volkstümliche Einfachheit, die die Motive wie zu einem Kondensat verdichten. Beide Künstler entlassen ihre Motive dabei immer weiter in einen Bereich der Selbstständigkeit. Die Hand der Künstler wird durch den Umdruck vom fertigen Bild getrennt, die Bilder verlieren dabei aber nie die individuelle Handschrift – das ist wahre Transformation! Letztgültige Motive gibt es nicht, vielmehr erkennt man die freundschaftliche Freude von Butzer und Zekoff am Wagnis der Wiederholung und an endloser Neufassung.

REPETITION AND REVISION

Alexander Linn on André Butzer and Josef Zekoff

A monotype results from the interplay between the printing plate, the motif, painting, and the impression. This playful reversal of motifs makes the technique attractive, and it also requires curiosity to see the image taking shape from a painting that has just been completed. Paradoxically, it is not the image painted on glass that is the work of art, but the unique imprint on paper. To engage in this intellectual game, artists André Butzer and Josef Zekoff met in Wannsee near the river Havel in Berlin and com-pleted sixteen monotypes in a single session. The initial painting was done quickly, flowing spontaneously from their conversations, and the prints were subsequently executed by expert printer Sarah Bogner on the same paper and in the same format.

In his seven monotypes, André Butzer (b. 1973) expands the already rich spectrum of his graphic oeuvre with an impressive series of heads of his iconic Man of Shame, *rendered entirely in blue. Although only one color is used, the sheets vary greatly: some heads are articulated with rich, strong lines, while others appear as ghostlike, neg-ative outlines in delicate cloudy hazes. Despite their bold qualities, many of the heads feature dabbed and wiped areas of paint that are reminiscent of Edgar Degas's subtle monotypes. Laterally re-versed declarations such as "You must resist! Yeah" can be made out that are always integrated in the paintwork. Then, again, fragments of the word* [W]IDERSTAND *(resistance) appear,*

as if it were dissolving. Ultimately the writing merges completely with the image. Butzer's monotypes retain the vibrancy and openness of his paintings as well as their force and vigor.

The nine sheets by Josef Zekoff (b. 1977) are variations on the motif of a standing male nude, facing the viewer head-on. The works are equally reminiscent of Paul Cézanne's male bathers in the Mediterranean, Edvard Munch's bathers in the cold Baltic Sea, and Pablo Picasso's Neoclassical male figures. While Zekoff uses the same intense blue, he adds a velvety flesh tone to it. The formats are filled swiftly and confidently with bodies that often resemble fragments of ancient statues. Their contours dis-solve beneath overlapping and briskly applied patches of color. The point at which the two hues meet and interact is where Zekoff scratches off or overprints the colors, creating beautifully nuanced passages full of painterly gestures of a type that can only be achieved in monotypes.

The captivating thing about these prints is their immediacy and almost folksy simplicity as well as the distilled quality of the motifs. Both artists increasingly raise their motifs to a level of indepen-dence. Although the artists are removed from the finished images due to the printing process, the prints never lose their individual touch, which is the nature of true transformation. Instead of definitive motifs, it is all about Butzer's and Zekoff's close collaboration in this risky venture of repetition and endless revision.

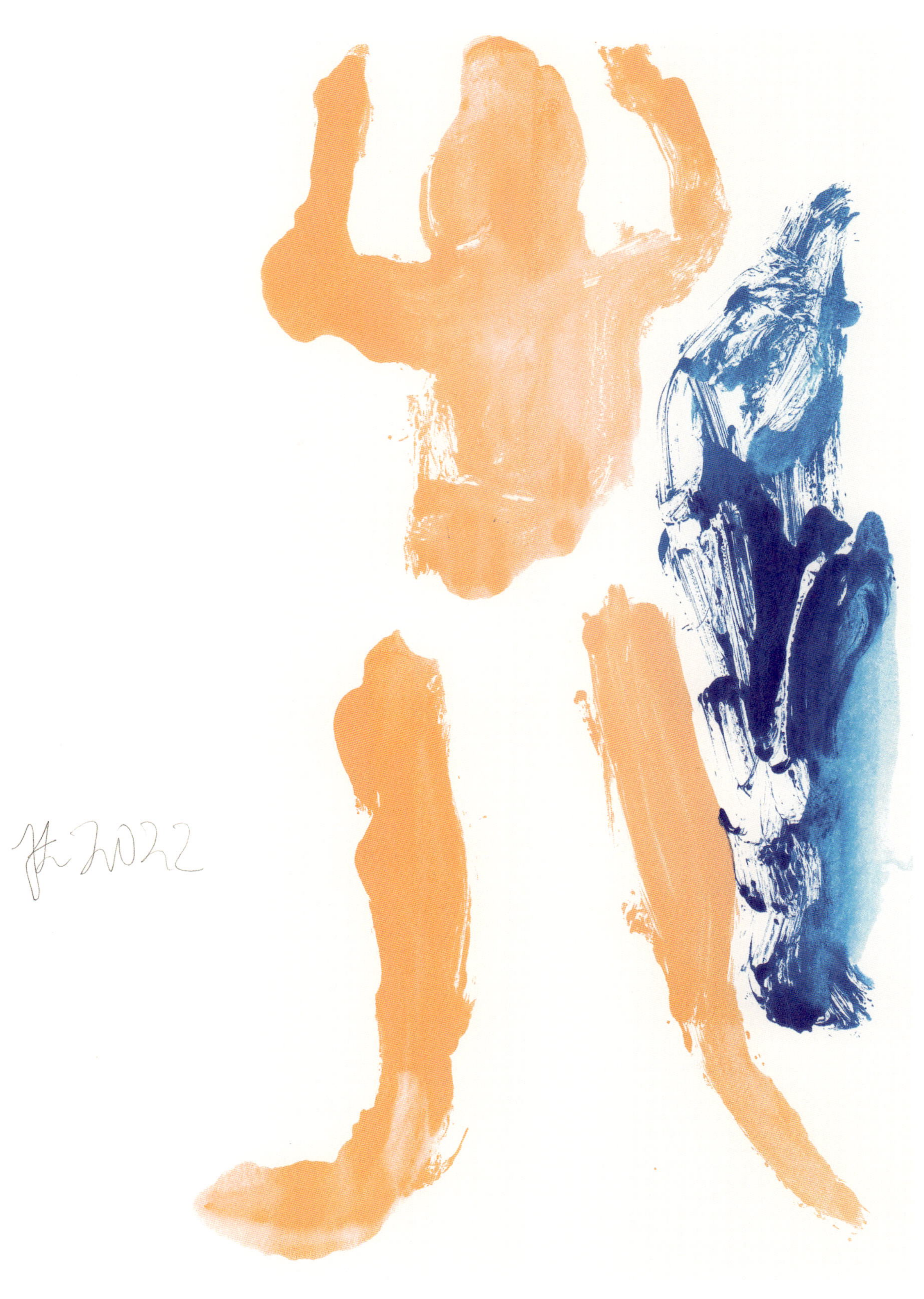

Josef Zekoff

Ohne Titel, 2022

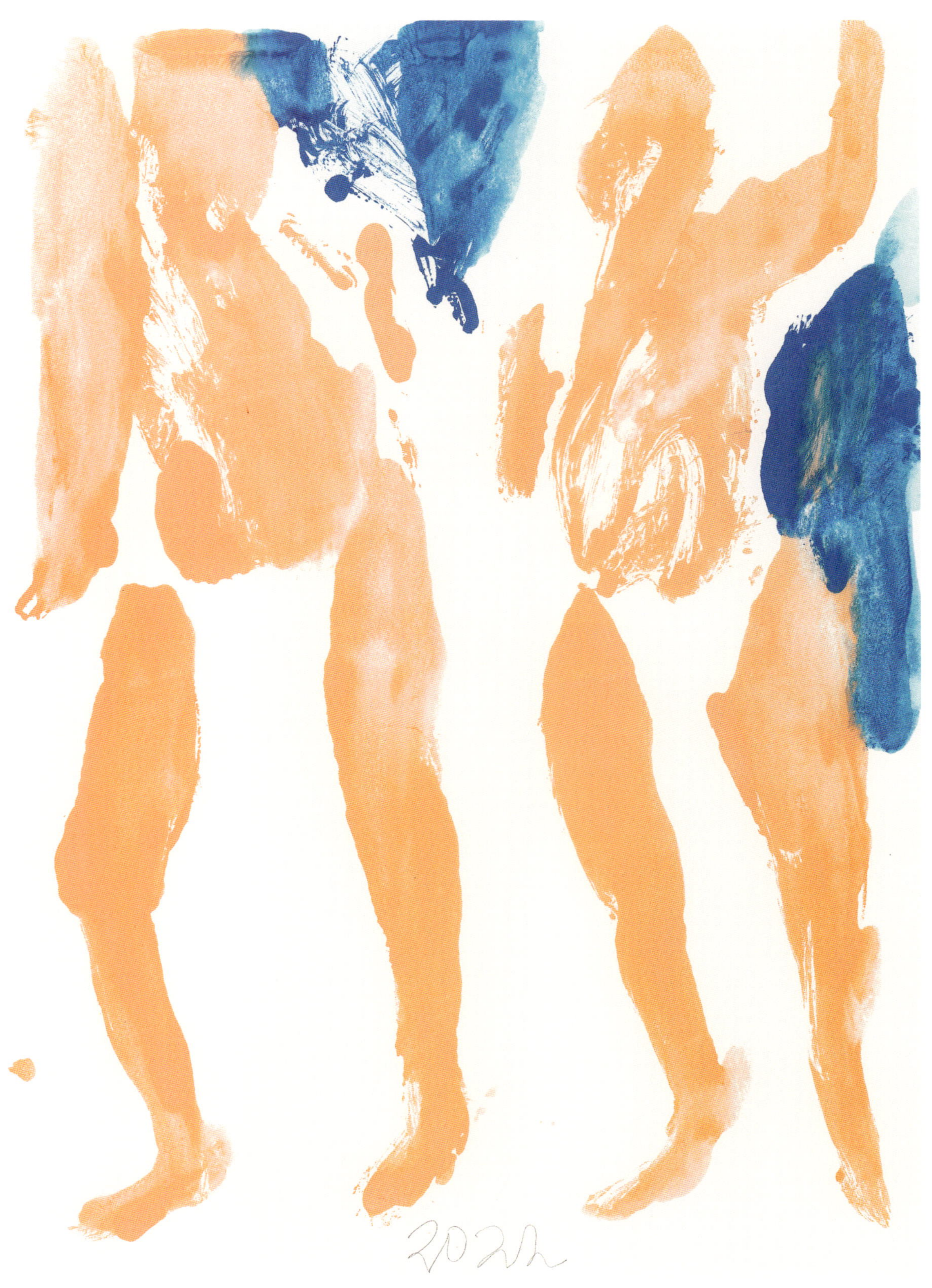

Josef Zekoff

Ohne Titel, 2022

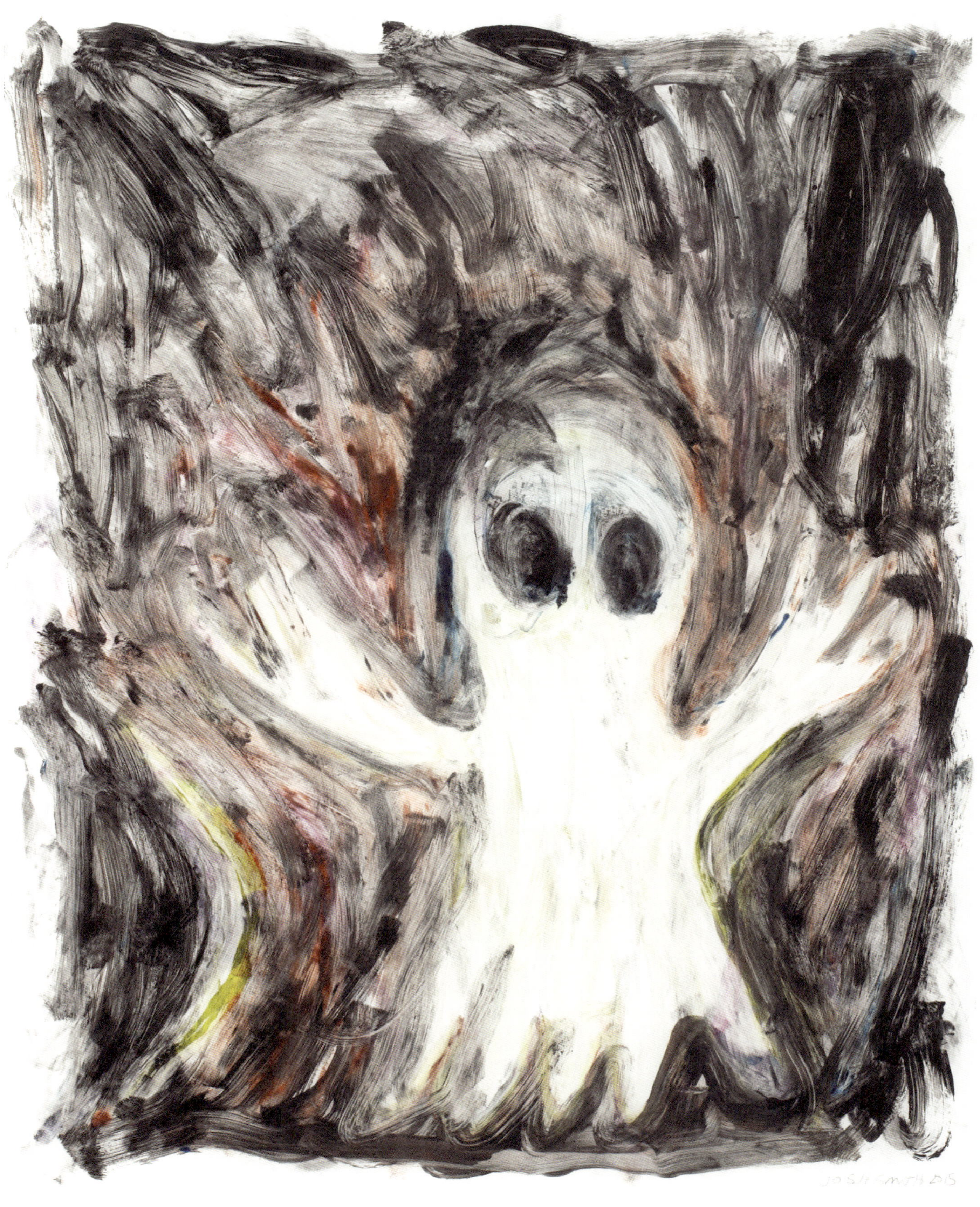

Josh Smith

Ghost, 2015

Josh Smith

*1976 in Okinawa, Japan; US-amerikanischer Maler und Grafiker, lebt und arbeitet in New York City, USA

Bekannt geworden ist Josh Smith durch seine sogenannten *Name Paintings* – Werke, die großflächig und variantenreich die Buchstaben seines Namens in Malerei übersetzen.
Typisch für seine aktuelleren Arbeiten ist ein surreal-expressiver Stil. Smith, der Picasso und Picabia als seine Lieblingskünstler nennt, arbeitet in den Medien Malerei, Druckgrafik, Collage, Künstlerbuch, Keramik und Skulptur. Charakteristisch auch für seine Monotypien sind psychedelisch aufgeladene Bearbeitungen von Motiven wie Fischen, Blättern, Skeletten, Insekten, Geistern, Sonnenuntergängen, Palmen oder Früchten.
Die Farbgebung wirkt mal harmonisch, mal exzentrisch. Er nutzt die Wiederholung als Modell für die Untersuchung regelmäßig in seinem Werk auftauchender Sujets. Smith dazu: „Jede einzelne Arbeit enthält alle anderen. Ich versuche, den Inhalt so weit wie möglich zugänglich zu machen, sodass der Betrachter erst gar nicht nach einer Bedeutung suchen muss."[1]

Born in 1976 in Okinawa, Japan; New York City–based American painter and printmaker

Josh Smith became well known thanks to his Name Paintings, *in which he painted the letters forming his name in varying ways in large-scale works. His more recent work is done in a surreally expressionistic style. Smith has named Picasso and Picabia as his favorite artists, and he works with painting, printmaking, collage, artist books, ceramics, and sculpture. His monotypes are characterized by psychedelically charged motifs of fish, leaves, skeletons, insects, ghosts, sunsets, palm trees, and fruit. His color palette sometimes appears harmonious, sometimes eccentric. He uses repetition as a model for examining subjects that appear regularly in his work. "Each work implies that there are others," Smith has said. "I try to strip out as much of the content as possible, so the viewer does not have to reach for a meaning."[1]*

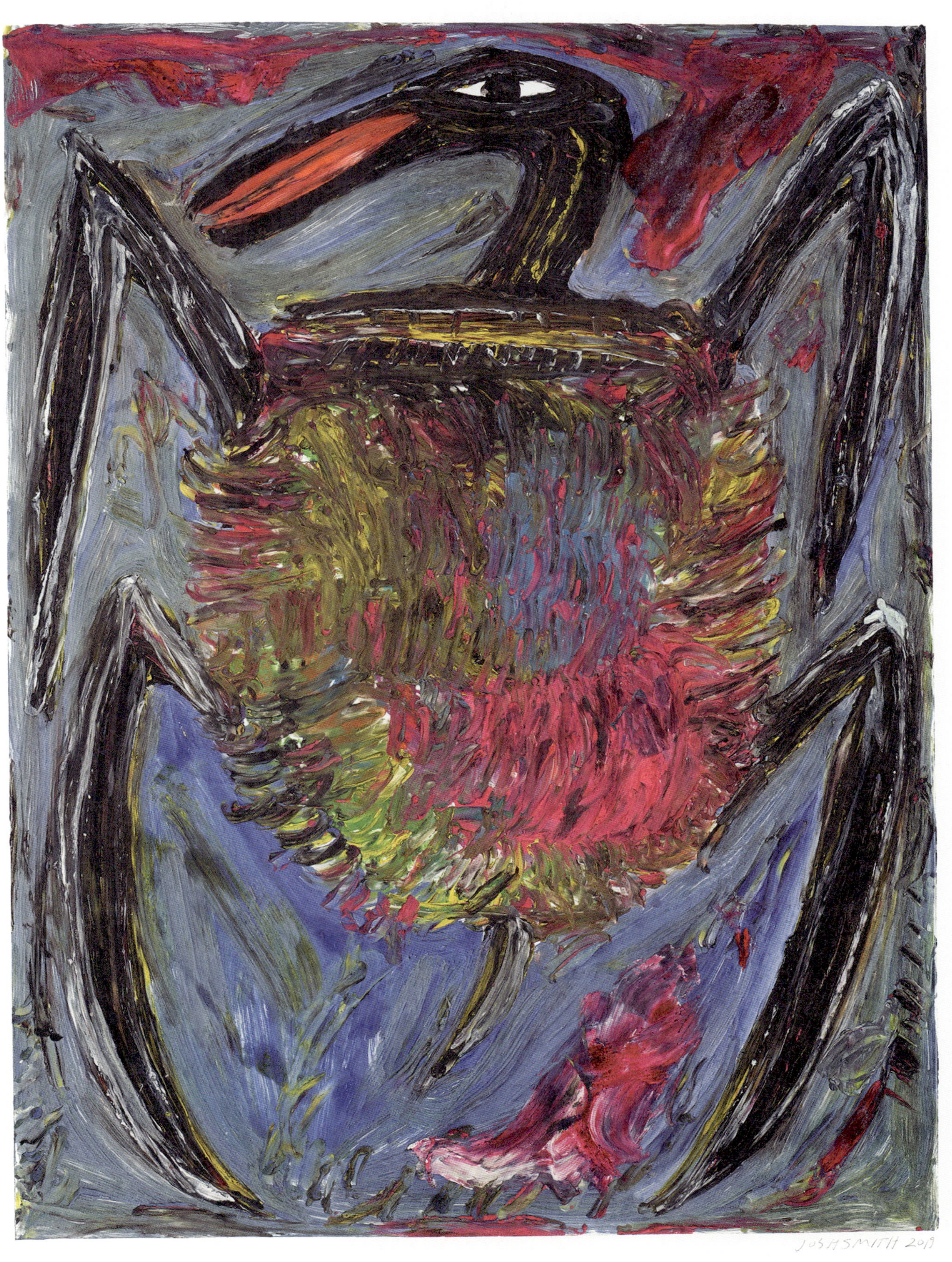

Josh Smith

Untitled, 2019

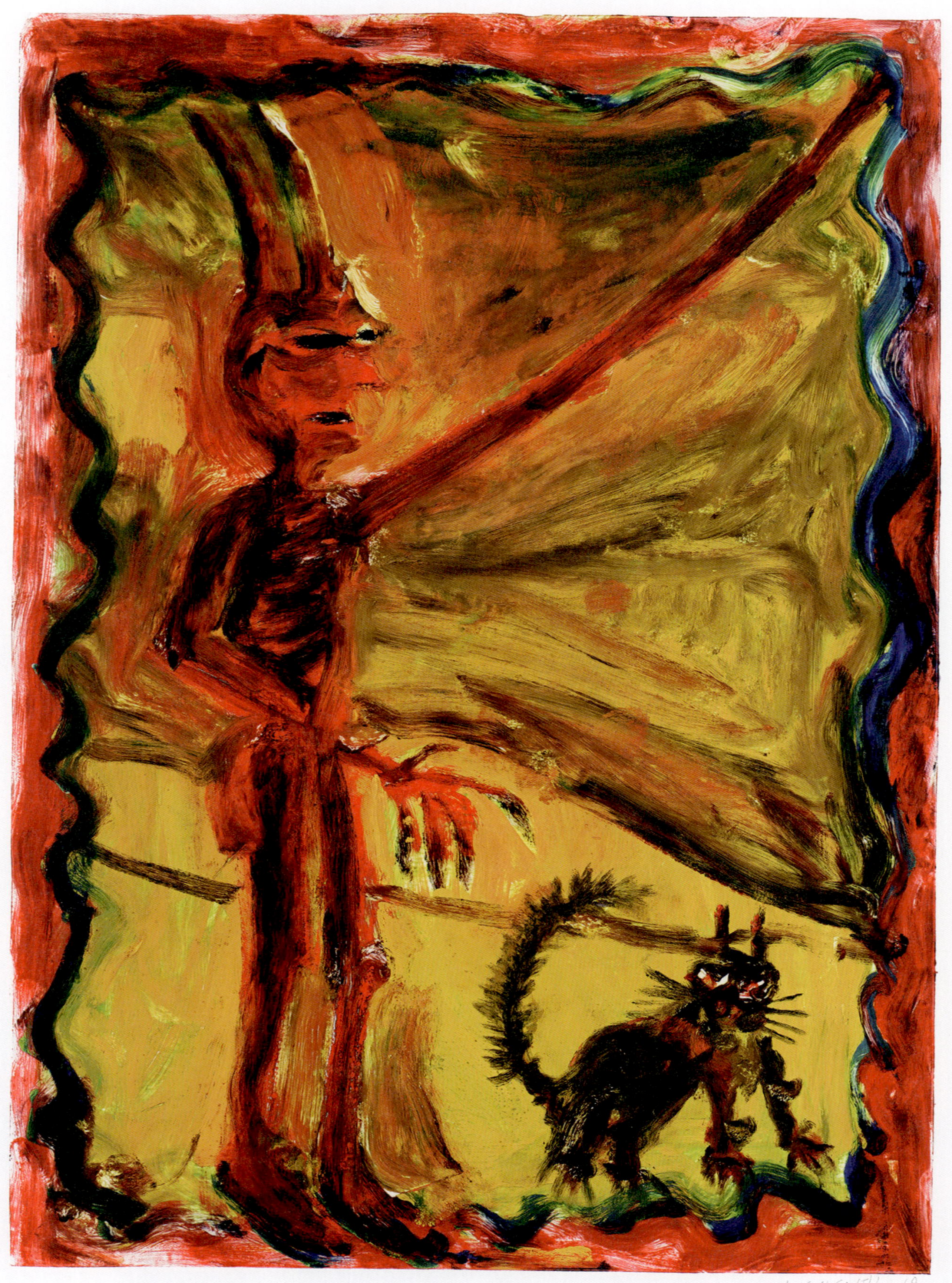

Josh Smith

Untitled, 2019

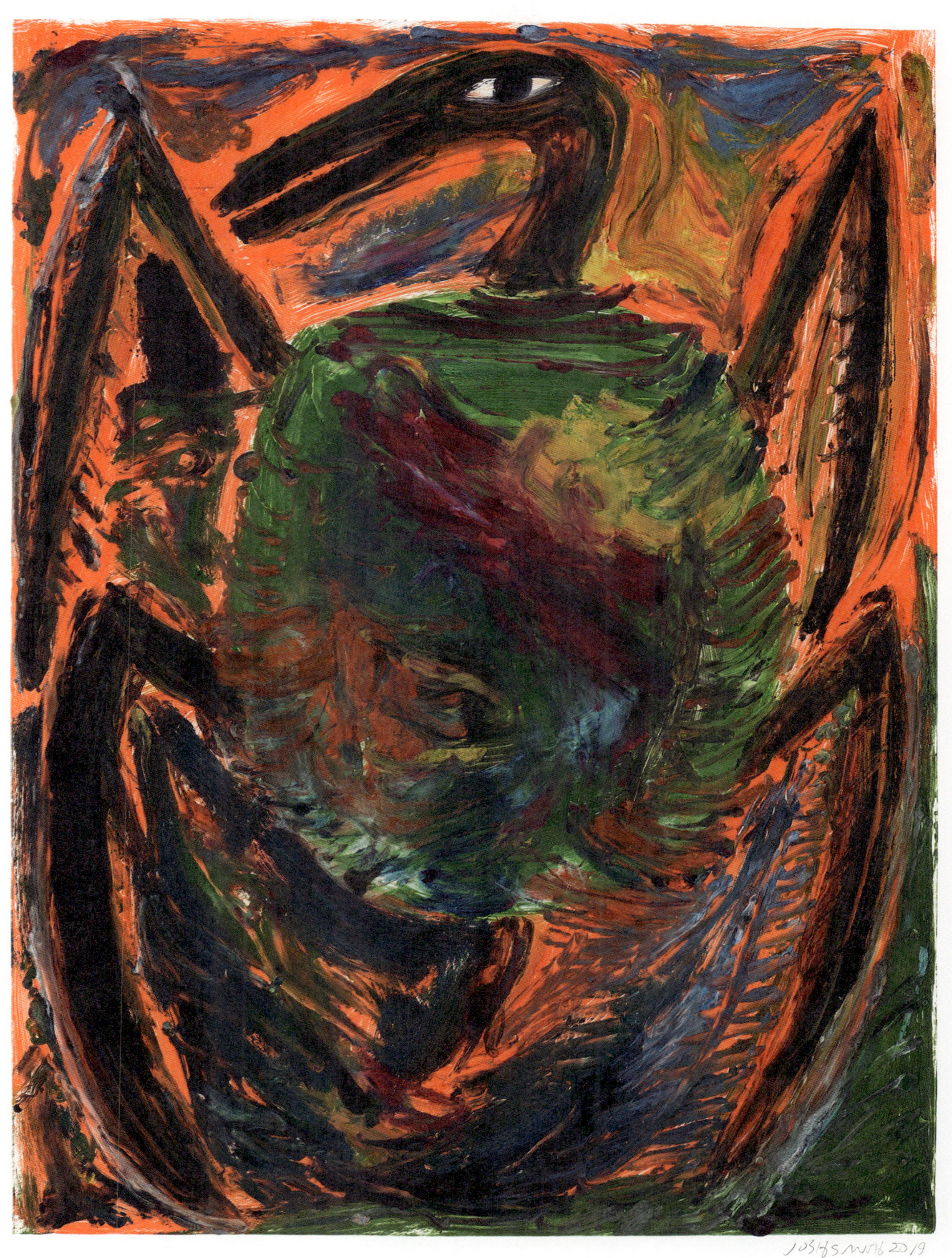

Josh Smith

Untitled, 2019

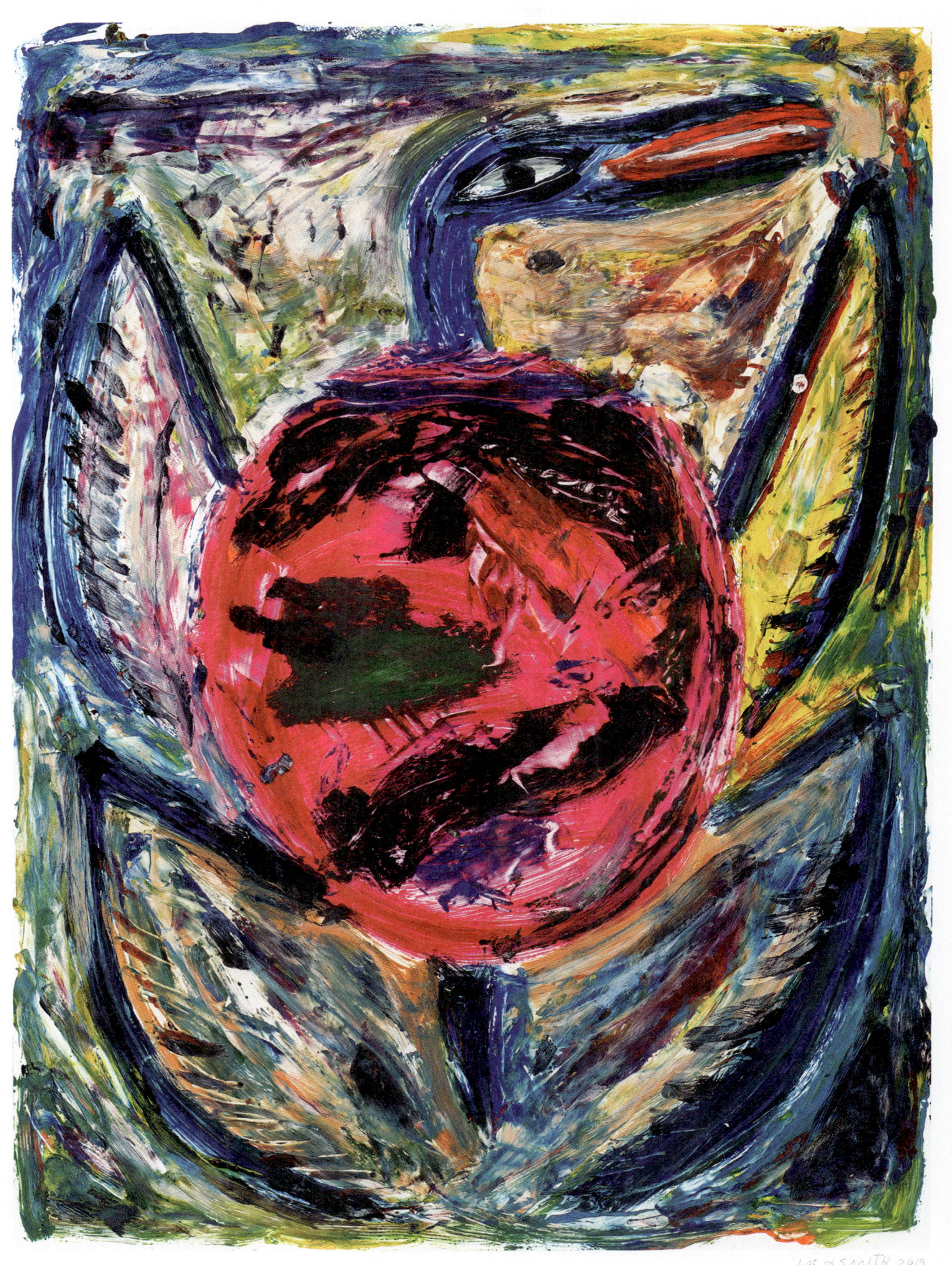

Josh Smith

Untitled, 2019

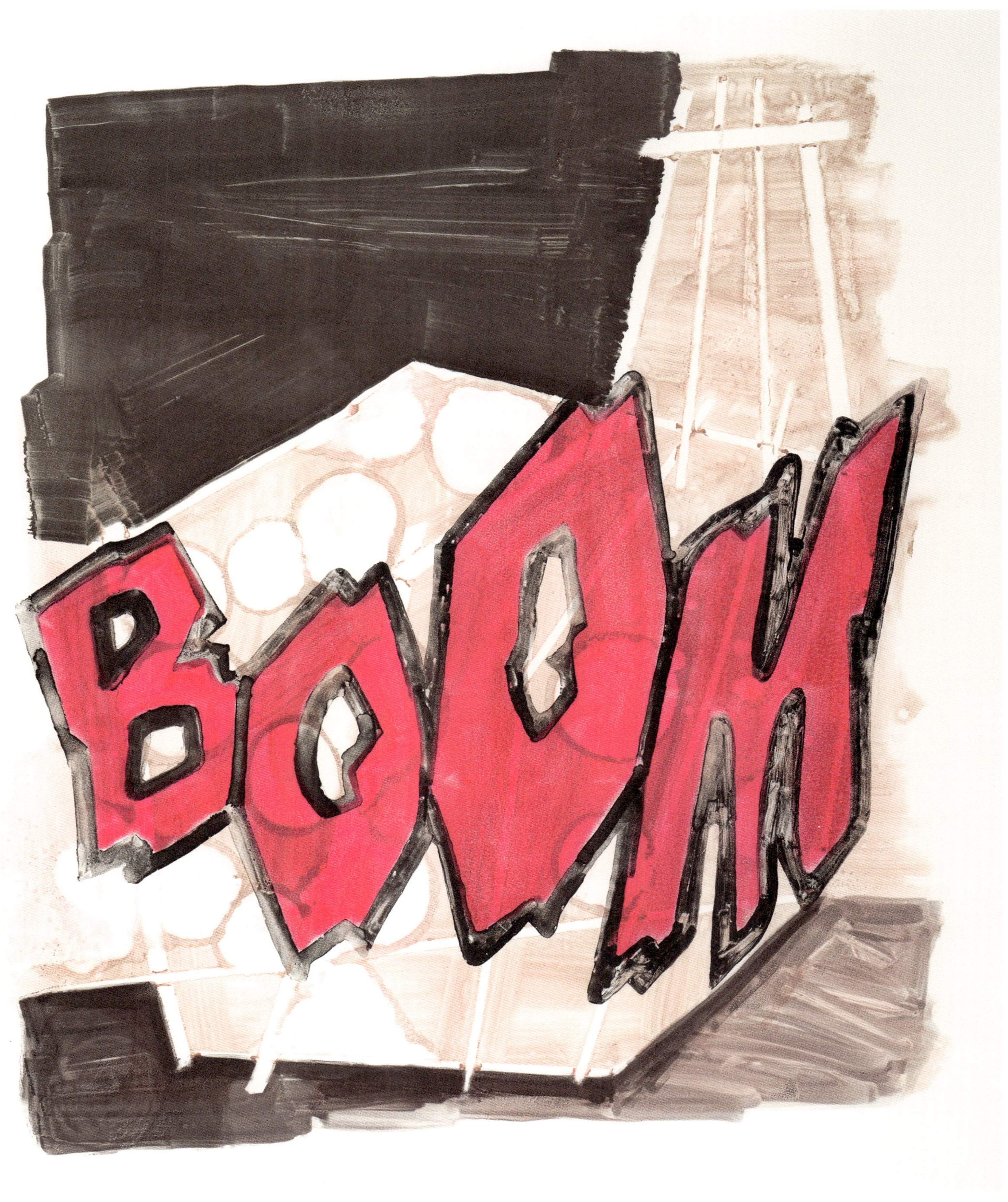

Wolfgang Ellenrieder

Boom, 2022

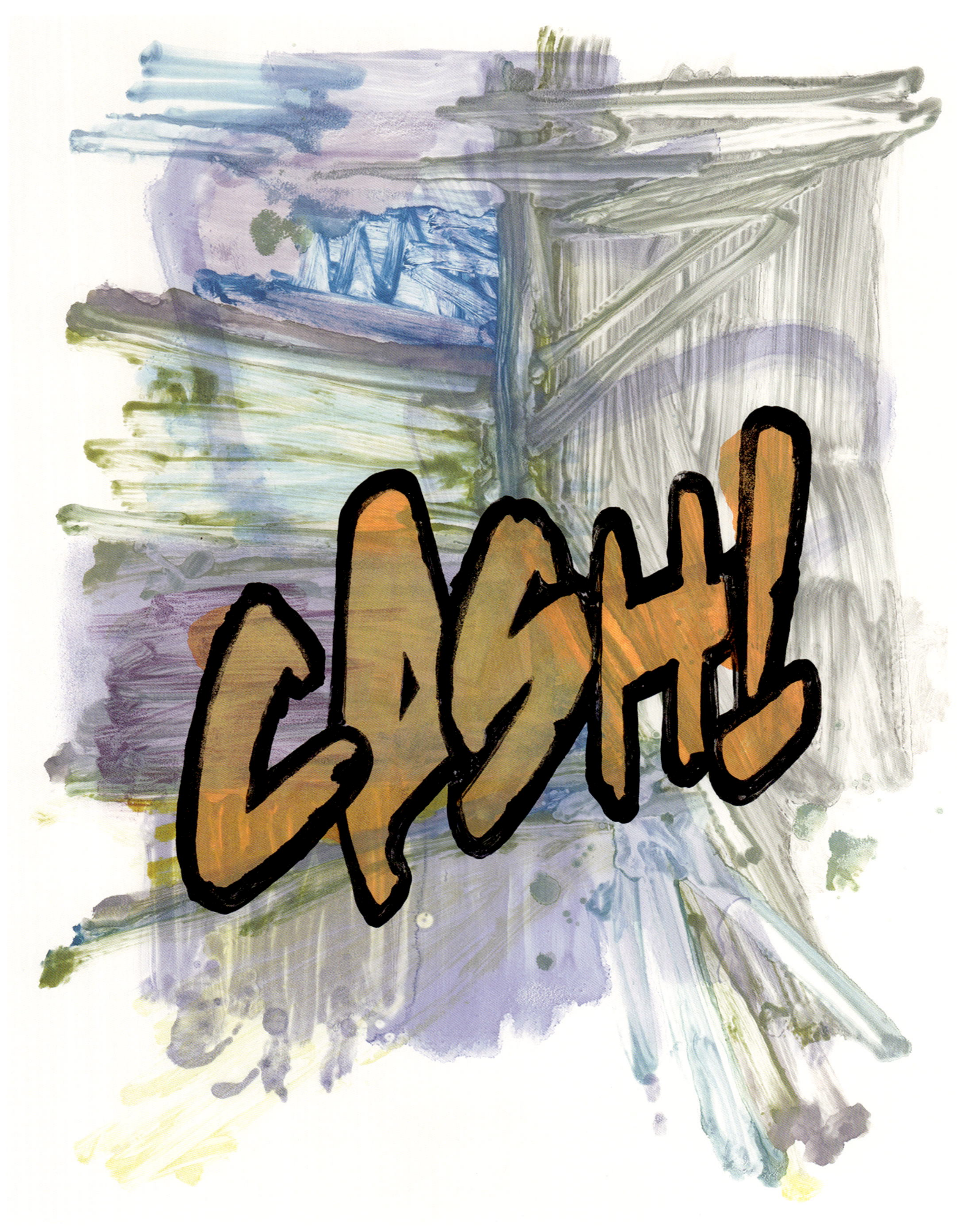

Wolfgang Ellenrieder
Cash, 2022

Wolfgang Ellenrieder

*1959 in München; Maler und Bildhauer, lebt und arbeitet in München

Wolfgang Ellenrieder bewegt sich in seinem Werk an der Schnittstelle zwischen Wirklichkeit und Fiktion. Der zunehmenden Zersetzung des Wirklichen durch die digitalen Bilderzeugungsmedien setzt er die Faktizität des gemalten Bildes entgegen. Seit vielen Jahren stellt er auch Monotypien her. Deren besondere Qualitäten beschreibt er so: „Die Monotypie bietet mir bis zu einem bestimmten Punkt die Möglichkeit der Korrektur, des ‚Einen-Schritt-Zurückgehens'. Die mit unterschiedlichen Geräten – Pinsel, Lappen, Schwämme, etc. – auf eine glatte Unterlage aufgetragene Farbe kann dünn verteilt, verwischt, korrigiert oder bei Nichtgefallen sogar wieder komplett entfernt werden. Erst wenn alles ‚am richtigen Platz ist', wird dieser Zustand auf das eigentliche Trägermaterial Papier in einer Druckpresse übertragen. Diesen Vorgang kann man mehrmals wiederholen und erreicht so im Übereinanderlagern der transparenten Farbschichten eine unglaubliche Tiefenwirkung."[2]

Born in 1959 in Munich, Germany; Munich-based painter and sculptor

Wolfgang Ellenrieder works at the intersection of reality and fiction. He counters the mounting displacement of the real through generative digital image media with the tangibility of the painted image. He has also been producing monotypes for many years. Describing their unique qualities, Ellenrieder explains, "Monotypes allow me, to a certain extent, the chance to correct, to go back one step. Paint, applied with various tools—such as brushes, rags, and sponges—onto a smooth base can be thinly spread, smeared, corrected, or even removed completely if I am dissatisfied. Only when everything is 'in the right place' do I transfer the image to the actual support—paper—by means of a printing press. This process can be repeated many times, achieving an incredible depth effect by superimposing transparent layers of ink."[2]

David
Mildner

*1983 in Mikołów, Polen; Maler, Zeichner und Grafiker, lebt und arbeitet in Berlin

David Mildner hat sein Studium an der UdK Berlin 2017 als Meisterschüler von Michael Müller beendet. Seine großformatigen Gemälde gleichen Versuchsanordnungen für das Sehen. Häufig agieren androgyne, unbekleidete Protagonist*innen in schwer deutbaren Posen vor abstrakten Hintergründen, die mit gestischen Pinselstrichen rhythmisiert sind. Seinen Ansatz beschreibt er folgendermaßen: „In meinen Arbeiten versuche ich, eine zeitlose psychologische Projektionsfläche zu schaffen, auf der durch ein konzentriertes Zusammenkommen von Welten und Ideen mentale Nicht-Orte entstehen." So auch in seinen Monotypien, welchen mitunter mathematische Formeln als Inspirationsquelle dienen. Mit dieser Technik hat er sich seit dem Jahr 2021 intensiv beschäftigt. Die Monotypie beschreibt er „als ein Wesen, das versucht zu verstehen, zu welcher Seite es gehört und dabei übersieht, dass diese zwei Seiten gar nicht existieren."[3]

Born in 1983 in Mikołów, Poland; Berlin-based painter, draftsman, and printmaker

David Mildner studied under Michael Müller at the University of the Arts (UdK) in Berlin, graduating in 2017. His large-format paintings resemble experimental perceptual arrangements. His subjects, often androgynous and undressed, are shown in hard-to-interpret poses against abstract backgrounds that are rhythmically structured using gestural brushstrokes. Describing his technique, Mildner explains, "In my works, I try to create a timeless psycho-logical projection surface on which mental non-places emerge through a concentrated convergence of worlds and ideas." This is also the case in his monotypes, which are sometimes inspired by mathematical formulas, a technique he has worked with intensively since 2021. He has described the monotype "as a being that tries to understand which side it belongs to and overlooks the fact that these two sides do not actually exist."[3]

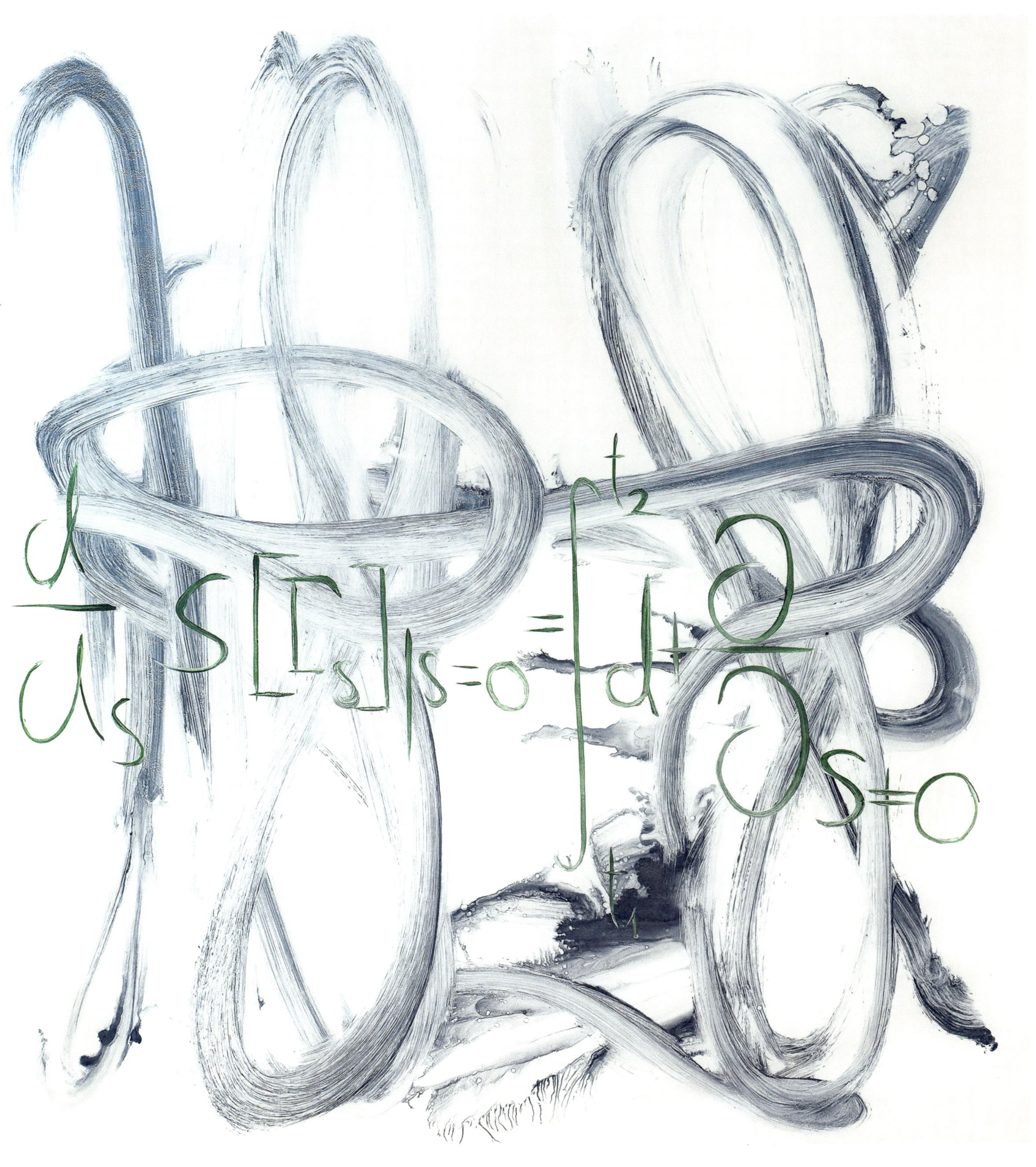

David Mildner

DER ZUFALL ALS KOMPLIZE

Nicole Büsing und Heiko Klaas

Grafik, Zeichnung oder Malerei? Die Monotypie ist nichts davon eindeutig. Und dennoch vereint sie diverse Eigenschaften all dieser Gattungen in sich. Was ihre Besonderheiten ausmacht, welche Wertschätzung sie im Laufe der Jahrhunderte erfahren hat und insbesondere die Frage, wo sie heute steht, war Gegenstand der Ausstellung *Surprise. Die Kunst der Monotypie* in der Städtischen Galerie Wolfsburg. In diesem Text soll das Phänomen Monotypie als künstlerische Technik historisch eingeordnet und in seinen vielfältigen Ausprägungen näher beleuchtet werden.

DEFINITION
Die Monotypie ist ein grafisches Verfahren der manuellen Bilderzeugung, das in der Regel nur einen einzigen Abdruck mit aquarellartiger Wirkung beziehungsweise malerischen Effekten erzeugt. Sie kann daher als Hybrid zwischen Malerei, Zeichnung und Druck angesehen werden. Der Begriff Monotypie wurde erstmals 1880 in den USA verwendet. Der Landschaftsmaler Charles Alvah Walker benutzte ihn in einem Artikel für das *Art Journal* im Zusammenhang mit Arbeiten von Edgar Degas. Der Begriff fand daraufhin rasche Verbreitung in den USA und in Europa. Edgar Degas und sein Zeitgenosse Paul Gauguin, der ebenfalls mit diesem Verfahren arbeitete, lehnten diesen eher nüchternen Neologismus jedoch ab. Sie bevorzugten weiterhin die Begriffe „Zeichnung" oder „mit ölbasierter Tinte ausgeführte und gedruckte Zeichnung".

GESCHICHTE
Der für seine Bearbeitung alttestamentarischer Themen und seine minutiösen Tierdarstellungen bekannte italienische Barockmaler, Radierer und Kupferätzer Giovanni Benedetto Castiglione (1609–1664) gilt als der Erfinder der Monotypie. Sein Blatt *Gott erschafft Adam* (1637–47) befindet sich heute in der Sammlung des Art Institute of Chicago. Es gilt als der Prototyp des Mediums überhaupt. Castiglione verwendete dafür eine Kupferplatte, die er komplett mit schwarzer Druckerfarbe auswalzte. Flächige Effekte erzeugte er durch Wischtechniken unter Verwendung von Lappen. Mit stumpfen Werkzeugen, vermutlich Pinselgriffen, schabte er dagegen unterschiedlich ausgeprägte Schraffuren, aus welchen beim anschließenden Übertragen auf das gerippte Papier das Motiv zum Vorschein trat. Eckige weiße Striche zeigen, wie Gott aus einer Wolke auftaucht, während dünne, fließende Linien den trägen Körper Adams aus samtiger Schwärze hervortreten lassen. Obwohl Castiglione als der Pionier des Mediums gilt, sind von ihm insgesamt nur fünf als Monotypie ausgeführte Werke erhalten. Nach Castiglione wurde die Monotypie erst rund 150 Jahre später wieder als künstlerische Technik eingesetzt. Um 1790 begann der Dichter William Blake (1757–1827), der sich zuvor schon mit verschiedenen anderen Drucktechniken beschäftigt hatte, Öl- und Temperafarben mit Kreide zu mischen und damit auf Kupferplatten und Pappen Motive zu malen, die er durch sanften Druck auf aufgelegtes Papier übertrug. Er selbst bezeichnete diese Technik als „fresco". Aus heutiger Sicht werden die teils mit Tinte oder Aquarellfarbe nachbearbeiteten Blätter jedoch als Monotypien klassifiziert. Inspiriert von Künstlern wie Raffael, Michelangelo und Dürer

bevorzugte Blake biblische Themen, die er, dem Zeitgeist entsprechend, in einem von dunklen Farben und Stimmungen beherrschten, mystisch-morbiden Stil darstellte.

Erst im Impressionismus erfuhr die Technik der Monotypie dann große Wertschätzung und Popularität. Der Maler, Bildhauer und Grafiker Edgar Degas (1834–1917) begann um 1874 in dieser Technik zu arbeiten. Als erstes Blatt gilt das in Zusammenarbeit mit dem Künstlerkollegen Vicomte Ludovic Lepic (1839–1889) ausgeführte Werk *Le maître de ballet* (ca. 1876), welches sich heute in der National Gallery of Art in Washington, D.C. befindet. Gerade im Medium der Monotypie konnte Degas Verwischungseffekte erzeugen, welche die Flüchtigkeit der von ihm häufig dargestellten tänzerischen Bewegung besonders atmosphärisch einzufangen vermochten. Ab 1890 wiederum entstanden überwiegend Landschafts-darstellungen. Zudem beruhen auch etliche seiner Pastellbilder auf über-malten Monotypien. Weitere wichtige Künstler des 19. und beginnenden 20. Jahrhunderts, die sich intensiv mit der Monotypie beschäftigten, waren etwa Paul Gauguin, Camille Pissarro, Henri de Toulouse-Lautrec, Henri Matisse oder James McNeill Whistler.

Von Pablo Picasso (1881–1973) sind ins-gesamt 147 Monotypien überliefert. Allein 123 davon schuf er zwischen Juli 1932 und März 1933. Häufig stellte Picasso bis zu drei Drucke von einer Platte her. Von dem Blatt *Flûtiste et dormeuse* existieren aber sogar 47 verschiedene Zustände, da der Künstler das Motiv auf der gleichen Kupferplatte immer wieder mit kleinen Variationen neu ausführte

und abdruckte. Stark interessiert an Metamorphosen und Variationen, wandte er sich dann jedoch stärker der Lithografie zu und arbeitete nach dem Zweiten Weltkrieg nur noch vereinzelt mit Monotypien.

Eine weitere Hochkonjunktur erlebte das Medium nach dem Ende des Zweiten Weltkriegs vor allem in den Vereinigten Staaten. Hier werden als Alternativbe-zeichnungen auch häufig die Ausdrücke „Painterly Print" oder „Monoprint" ver-wendet. Als wichtige amerikanische Vertreter, die ein Interesse an der Mono-typie entwickelten, gelten beispielsweise John Cage, Sam Francis, Robert Rauschen-berg, Jasper Johns, Jackson Pollock und Robert Motherwell. Jedoch kann nicht bei allen der von ihnen produzierten Arbeiten im engeren Sinne von Mono-typien gesprochen werden. So ließ sich beispielsweise Robert Rauschenberg für seine „transfer drawings" von der Monotypie inspirieren, indem er foto-grafische Bilder, die er Zeitungs- oder Magazinseiten entnahm, mithilfe von Lösungsmitteln „verflüssigte" und dann auf Papier presste. Er kombinierte diese zwischen 1958 und Ende der 1960er Jahre entstandenen Arbeiten mit ver-schiedenen Zeichen- und Collage-Techniken. Auf zeitgenössische Ver-treter*innen des Mediums gehen die einzelnen Texte in dieser Publikation näher ein.

METHODE

Ganz einfach erklärt: Das Motiv wird mit Farbe (in der Regel Öl oder Tinte) auf eine glatte Oberfläche aufgebracht und dann im noch feuchten Zustand auf ein Blatt Papier gepresst. Es kann nicht fixiert werden. Diese Methode erfordert die

Bereitschaft zu unmittelbarer und zügig ausgeführter künstlerischer Arbeit. Die Unbeständigkeit des Druckstocks unterscheidet die Monotypie von allen anderen Drucktechniken. Der beim Pressen entstandene Abdruck ist das eine, nicht wiederholbare Werk, da der glatte Druckträger über keinerlei Formgedächtnis und nur ein sehr kurzzeitiges Farbgedächtnis verfügt. Häufig wird dieser Prozess allein oder mit Assistent*innen ausgeführt. Manche Künstler*innen arbeiten allerdings auch mit professionellen Drucker*innen zusammen.

DER ZUFALL ALS KOMPLIZE
Entscheidend ist die Bereitschaft der Künstler*innen, streckenweise die Kontrolle aufzugeben. Die Akzeptanz des Zufalls, der Ambiguität und der relativen Unvorhersagbarkeit des Endergebnisses spielen bei der Herstellung von Monotypien daher eine große Rolle. Die amerikanische Künstlerin Pat Steir (*1940), charakterisierte die Monotypie treffend als „ein Gemälde, dessen finaler Pinselstrich von der Presse ausgeführt wird."[4] Genau das macht auch den besonderen Reiz einer Monotypie aus. In einem zunehmend von digitalen Reproduktionstechniken, computerbasierten Medien und neuerdings auch zu Rekordpreisen gehandelten rein virtuell existierenden NFTs (Non-Fungible Tokens) dominierten Kunstbetrieb, konzentriert sich in einer Monotypie ein fast verloren geglaubtes Potenzial an faszinierender, geheimnisvoller, ja, auratischer Aufladung. Bei zahlreichen Sammler*innen sind Monotypien aufgrund ihrer Einzigartigkeit daher ähnlich stark gesucht wie Gemälde oder Zeichnungen. Denn im Prinzip ist jede Monotypie ein Unikat. Manche Künstler*innen produzieren

allerdings auch bis zu zwei weitere Folgedrucke, wobei Farbintensität und Prägnanz naturgemäß von Druck zu Druck abnehmen. Im Englischen bezeichnet man diese zusätzlichen Blätter als „Cognates", „Shadows" oder „Ghost Prints". Gerade letztere ist eine überaus treffende Bezeichnung, erweisen sich diese Abdrucke doch als phantasmagorische Wiedergänger des Ursprungsmotivs. Degas hat hier, wie oben bereits ausgeführt, Pionierarbeit geleistet. Nicht selten werden Monotypien aber auch heute anschließend mit Hilfe anderer grafischer oder malerischer Techniken modifiziert.

UNTERSCHIEDLICHE VERFAHREN
Ganz allgemein unterscheidet man zwei Hauptverfahren, die für die Herstellung einer Monotypie infrage kommen: Bei der reduktiven Methode wird die Trägerplatte komplett mit einer Schicht zähflüssiger Farbe überzogen. Im nächsten Schritt wird die geschlossene Farbschicht mit verschiedenen Werkzeugen partiell entfernt. Dies können zweckentfremdete Ateliergegenstände aller Art sein, zum Beispiel Pinselstiele mit verschiedener Dicke, Schabeisen, ebenso aber auch kleine Lappen oder auch die Finger der Künstler*innen. Beim Abdruck auf das Papier zeigen sich dann weiße Linien und Flächen. Der Bildgegenstand manifestiert sich also in den Zwischenräumen der Linien.
Bei der additiven Methode wiederum ist der Träger zunächst analog zu einer Leinwand oder einem Aquarellpapier leer. Die benutzte Farbe ist hier oft mit Lösungsmitteln verdünnt und daher flüssiger. Sie wird malend beziehungsweise zeichnend aufgetragen. Das gedruckte

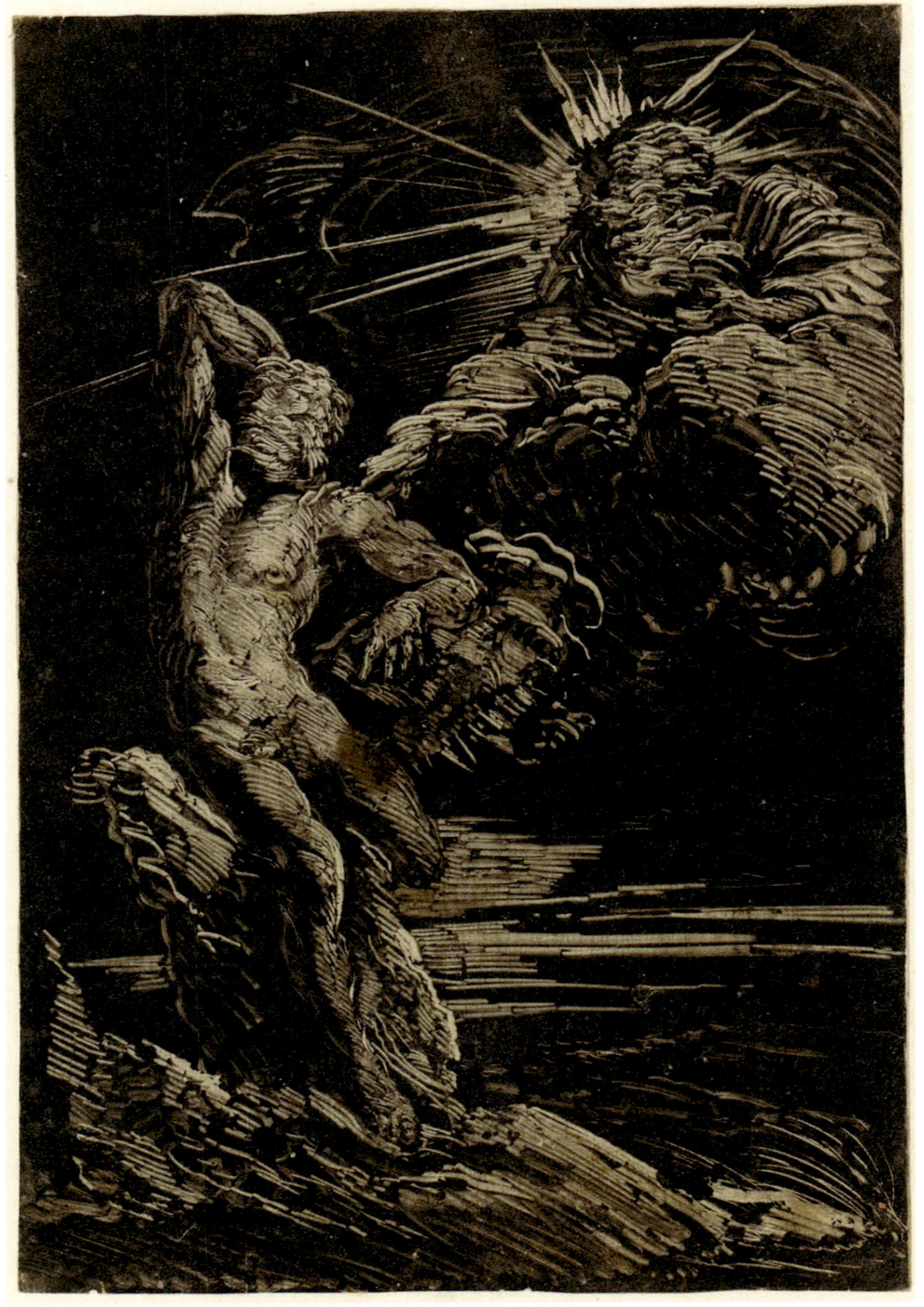

Giovanni Benedetto Castiglione

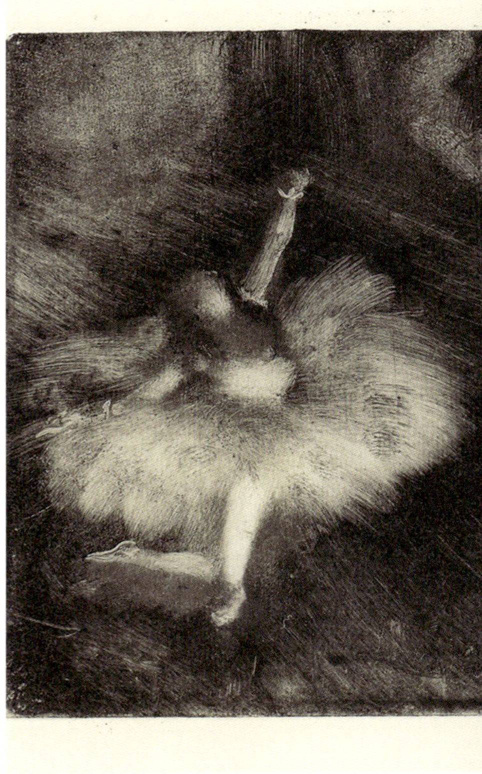

Edgar Degas

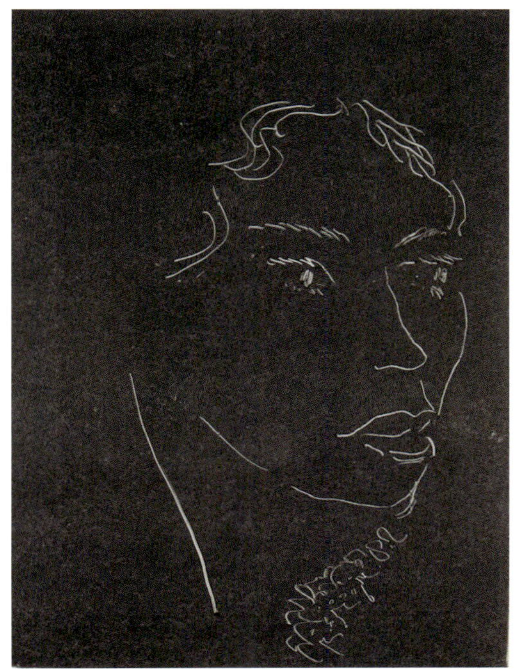

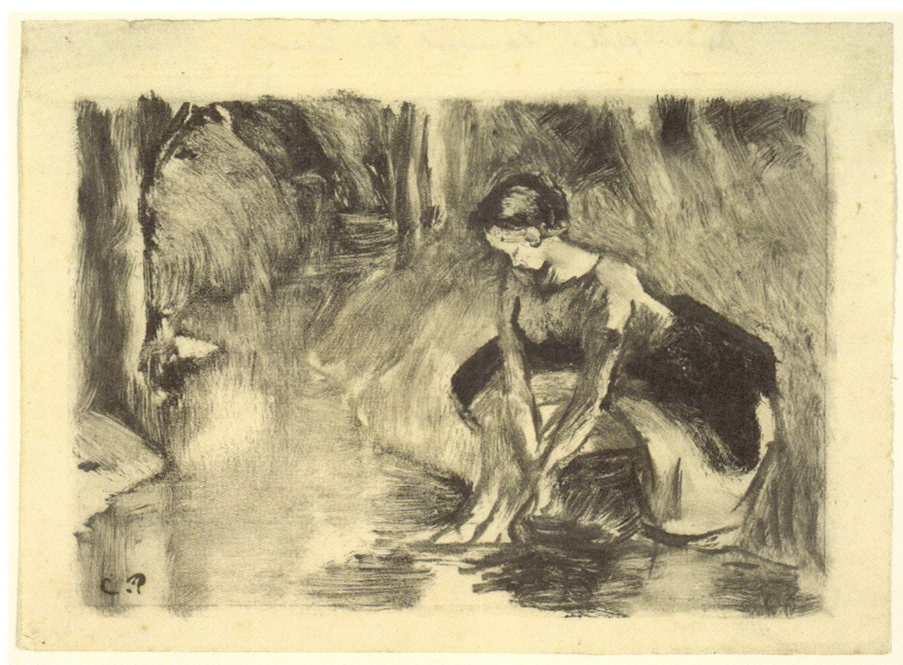

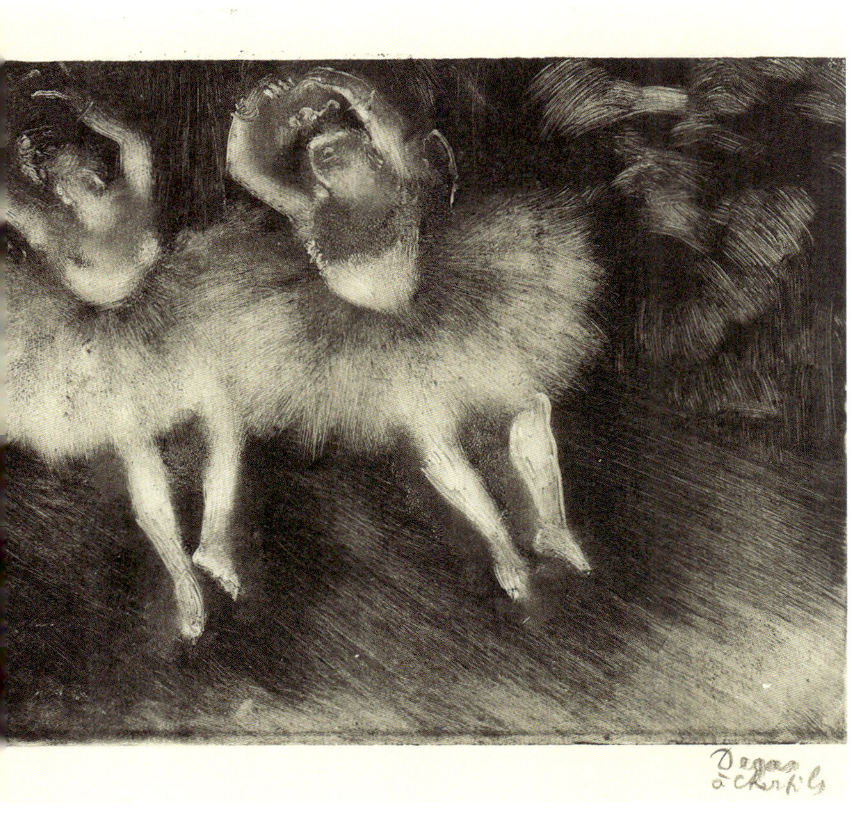

Henri Matisse

Camille Pissarro

Ergebnis wirkt in diesem Fall eher wie ein Aquarell.

Zu diesen beiden Hauptmethoden gesellen sich jedoch alle möglichen Varianten und experimentellen Abweichungen hinzu. So kann zum Beispiel auch ein mit Farbe bestrichenes Papier umgedreht auf ein leeres Blatt gelegt werden. Die unbestrichene Blattseite wird dann mit großer Vorsicht so bearbeitet, dass sich das Motiv wie bei Kohlepapier auf das leere Papier durchschlägt. Im Englischen wird diese eher selten angewandte Methode als „Traced Monotype" bezeichnet. Auf diese Weise arbeiteten aber beispielsweise auch Künstler wie Paul Klee und Oskar Schlemmer.

Auch die Wahl der Trägerplatte erlaubt eine Vielzahl von Variationen. Platten aus Metall, Plexiglas, Linoleum, Marmor, Holz, Pressspan, Kunststoff, Wachskarton etc., manchmal aber auch Lithografiesteine kommen zum Einsatz. Plexiglas zum Beispiel erlaubt auf Grund seiner Transparenz ein Höchstmaß an Kontrolle. Mit Schmirgelpapier oder einer Handschleifmaschine lassen sich die Platten zudem komplett oder partienweise aufrauen, um zusätzliche Effekte zu erzeugen. Ebenso lässt sich der Herstellungsprozess durch die Druckmethode selbst steuern. Zum Einsatz kommen hier einerseits die Hände, einfache Hilfsmittel wie Löffel, Walzen mit Oberflächen aus Leder, Gummi oder Kunststoff, aber natürlich auch klassische Druckerpressen. Von großer Bedeutung ist selbstverständlich auch die Auswahl der verwendeten Papiere. Hier kommt es insbesondere auf die unterschiedliche Saugfähigkeit an, die von der Länge der Fasern abhängig ist. Bei den benutzten Farben spielt die Viskosität, also die Zähflüssigkeit eine entscheidende Rolle. Diese lässt sich durch die Zugabe von Lösungsmitteln verringern beziehungsweise durch die Zugabe von Ölen erhöhen. Die Interaktion zwischen Farbe und Papier wird durch die Art und Stärke der Pressung noch zusätzlich variiert. Die Könnerschaft zeigt sich etwa darin, durch mehrere kontrolliert hintereinander ausgeführte Pressungen bewusst Schichtungen, transparente und opake Zonen und somit Tiefenwirkung zu erzeugen.

Auf jeden Fall handelt es sich hier um eine sehr delikate Angelegenheit, die viel Fingerspitzengefühl und Erfahrung erfordert. Jedes Zuviel an Farbe oder Druck kann das Ergebnis ruinieren.

AKZEPTIEREN ODER VERWERFEN

Der schwedische Kunsthistoriker und Ausstellungsmacher Pontus Hultén (1924–2006) schrieb dazu: „Jede Monotypie ist ein einzigartiges Werk; sie kann (vom Künstler oder von der Künstlerin) entweder akzeptiert oder verworfen werden, aber in keinster Weise mehr verändert. Die Übersetzung eines Layouts, das unendlich viele Variationsmöglichkeiten erlaubt in einen unveränderlichen Abdruck, gleicht einem Gewaltakt, nicht nur weil immense Kräfte für das Pressen aufgewandt werden müssen, aber auch weil das Ganze so unmittelbar ist. Der Kontrast zwischen dem nach allen Seiten hin offenen Herstellungsprozess und dem unverrückbaren Ergebnis ist dramatisch und gerade deshalb sehr anregend. Das Moment des Zufalls konzentriert sich auf wenige Sekundenbruchteile, in welchen alles auf einmal geschieht. Zwar kann das Maß der künstlerischen Kontrolle durch Erfahrung gesteigert werden, aber

COINCIDENCE AS COLLABORATOR

Nicole Büsing and Heiko Klaas

dennoch bleibt es immer eingeschränkt. Ob er/sie das Ergebnis akzeptiert oder verwirft, macht hier die Meisterschaft des Künstlers/der Künstlerin aus."[5] Spontan, experimentell, unmittelbar, lebendig, unvorhersagbar – all diese Adjektive treffen auf die Technik der Monotypie zu. Zusammenfassend lässt sich daher feststellen, dass es sich bei der Monotypie um ein schwer fassbares Medium voller Geheimnisse und Unwägbarkeiten handelt. Es existiert keine explizite Definition dieser Technik. Sie wird an Akademien weder gelehrt, noch wird sie von der Kunstwissenschaft ausführlich gewürdigt. Doch vielleicht macht auch gerade das ihren besonderen Reiz aus. Künster*innen, die sich der Monotypie widmen, müssen bereit dazu sein, sich den verwendeten Materialien und ihren Eigengesetzlichkeiten auszuliefern. Sie müssen intuitiv und spontan arbeiten und akzeptieren, dass der Zufall als schwer kalkulierbare Größe immer mit im Raum ist. Als Belohnung erhalten sie im Idealfall einmalige, atmosphärisch aufgeladene Blätter mit einer großen Bandbreite verschiedener Tonalitäten, Transparenzen, Tiefeneffekten, sanft schimmernden oder intensiv leuchtenden Farben.

Is it a print, a drawing, or a painting? While monotypes do not definitively fall into any one of these categories, they unite various characteristics of all three genres. The exhibition Surprise: The Art of the Monotype *at the Städtische Galerie Wolfsburg explored the medium's unique traits, its status over the centuries, and, in particular, the question of where it stands today. This text seeks to situate the monotype in history as an artistic technique and to shed light on its diverse manifestations.*

DEFINITION
The monotype is a printing process involving a hand-made image, one that is typically unique and evocative of a watercolor with painterly effects. It can thus be understood as a hybrid of a painting, a drawing, and a print. The term monotype *was first used by the American landscape painter Charles Alvah Walker in an article for* Art Journal, *with reference to works by Edgar Degas. While the term quickly spread across the United States and to Europe, Degas and his contemporary, Paul Gauguin, who also employed this technique, rejected this dry neologism. They preferred to describe the works as "drawings" or "drawings made with oil-based paints and printed."*

HISTORY
Giovanni Benedetto Castiglione (1609– 1664) is considered the inventor of monotypes. The Italian Baroque painter and etcher is best known for his treatment of scenes from the Old Testament and his detailed depictions of animals. His print The Creation of Adam *(1637–47), now in the collection of the Art Institute*

of Chicago, is regarded as a seminal instance of the medium. Using a copper plate that he completely coated with black ink, Castiglione created a sense of dimensionality through his wiping technique using rags. Working with dull tools (thought to be the handles of paint brushes), he scraped pronounced hatchings that revealed the image subject when printed onto the ribbed paper. Angular white lines depict God emerging from a cloud, while thin, flowing lines reveal Adam's slack figure against the velvety black background. Although Castiglione is regarded as a pioneer of the medium, only five of his monotypes are known today.

Monotypes were rediscovered as an artistic technique some 150 years after Castiglione. Around 1790, poet William Blake (1757–1827) began mixing oil and tempera paints with chalk with which he painted motifs onto copper plates and millboards, which he carefully pressed onto paper. He himself described this technique as a fresco painting. Yet today, these works, which were sometimes enhanced after printing with ink or watercolors, would be classified as monotypes. Inspired by artists including Raphael, Michelangelo, and Albrecht Dürer, Blake preferred biblical scenes that he depicted in a mystical, morbid style in keeping with the zeitgeist of his day, dominated by dark shades and moods.

The monotype technique first became widely popular and valued under Impressionism. Painter, sculptor, and printmaker Edgar Degas (1834–1917) began working with the technique in 1874. Le Maître de ballet *(The Ballet Master, ca. 1876), the first print he made in collaboration with fellow artist Vicomte Ludovic Lepic (1839–1889), is now in the National Gallery of Art in Washington, DC. Thanks to the unique qualities of the monotype, Degas was able to achieve smudged effects that succeeded in evocatively capturing the ephemerality of the dancers' movements, a favorite motif. But from 1890 he chiefly created landscapes. Moreover, he made countless pastel works on the basis of monotypes. Further prominent artists of the nineteenth and early twentieth centuries who worked extensively with monotypes included Paul Gauguin, Camille Pissarro, Henri de Toulouse-Lautrec, Henri Matisse, and James McNeill Whistler.*

A total of 147 monotypes by Pablo Picasso (1881–1973) exist today, of which 123 were made between July 1932 and March 1933. Picasso often made up to three prints from a single plate; the print Flûtiste et dormeuse *(Flutist and Sleeping Woman) exists in as many as forty-seven variations, with the artist repeatedly printing the motif with small differences using the same copper plate. Yet, with his keen interest in metamorphoses and transformations, he later focused more on lithography and worked only occasionally with monotypes following World War II.*

The medium experienced a further heyday in the United States, especially in the postwar period. Here, the alternate terms painterly print and monoprint were also used. John Cage, Sam Francis, Robert Rauschenberg, Jasper Johns, Jackson Pollock, and Robert Motherwell are all considered key American proponents who developed an interest in the medium. Yet not all of their works can, strictly speaking, be termed monotypes. Rauschenberg, for instance, took inspiration for his transfer drawings from monotypes by using photographs cut from newspaper or magazine pages.

He applied solvents to "liquefy" them and then pressed them onto paper. He combined these works, made between 1958 and the late 1960s, with varied drawing and collage techniques. The texts in this publication provide more information on contemporary proponents of the medium.

METHOD
Put simply, the motif is applied to a smooth surface using paint (most often oil or ink) and pressed onto a sheet of paper while still damp. It cannot be altered. The method requires the artist's willingness to work directly and swiftly. The impermanence of the printing block distinguishes the monotype from all other printing techniques. The impression created during the printing process is a sole, unrepeatable work, for the smooth surface has no "memory" of the motif and only a very short-term memory of the colors used. This process is often completed alone or with the help of assistants, although some artists work with professional printers.

COINCIDENCE AS COLLABORATOR
The artist's willingness to cede control at times is vital. When making monotypes, an open attitude toward chance, ambiguity, and the relative unpredictability of the final product is vital. American artist Pat Steir (b. 1940) aptly characterized monotypes as "a painting where the final brushstroke is given by the press." [4]
That is precisely what gives the monotype its particular charm. In an art world increasingly dominated by digital reproduction technologies, computer-based media, and most recently also wholly virtual non-fungible tokens (NFTs) traded for record prices, the monotype embodies

an almost-lost belief in the object's fascinating, mysterious, and even auratic charge. Thanks to their uniqueness, many collectors are as keen to acquire monotypes as they are paintings and drawings.
So, in theory, every monotype is one of a kind. But some artists produce up to two further prints, even if the intensity of the pigments and the saturation lessens from print to print. These additional prints are called cognates, shadows, or ghost prints. The latter term is a highly fitting one, as these prints appear to be phantasmagoric duplicates of the initial motif. As mentioned above, Degas was a pioneer in this field. Yet even today monotypes are often later modified using further printing or painterly techniques.

VARYING TECHNIQUES
Generally speaking, there are two main approaches to creating a monotype. The reductive method calls for coating the printing plate with a layer of viscous paint. In the next step, the coagulated layer of paint is partially removed using various tools. These could be all manner of repurposed studio items such as paintbrush handles of differing widths, scrapers, and rags or the artist's fingers. When the print is transferred to paper, negative lines and areas appear—that is, the motif appears in the empty space between the lines.
The additive method begins with a blank plate, similar to a canvas or sheet of watercolor paper. The paint used is often thinned with solvents, and more liquid as a result. It is painted or drawn on. The printed outcome tends to resemble a watercolor.
Yet there are countless variations and experimental twists on these two main

methods. For instance, paper coated with paint can be placed onto a blank sheet. The uncoated side can then be treated so that the motif is transferred onto the blank sheet by the same principle as carbon paper. This rarely used method is known as a traced monotype and has been used by artists including Paul Klee and Oskar Schlemmer. Additionally, the choice of plate enables a wide range of variations. Metal plates, plexiglass, linoleum, marble, wood, chipboard, plastic, waxed card, and even lithography stones have been used. In the case of plexiglass, its transparency enables a high degree of control. Sandpaper or a hand-sanding machine can be used to entirely or partly roughen a plate to achieve further effects. Moreover, the production process can be guided through the printing method used. Tools employed include the artist's hands, basic utensils such as spoons, rollers made from leather, rubber, or plastic, and also classic printing presses. Naturally, the choice of paper plays a key role. A key factor is the variation in absorbency, which depends on the length of the paper fibers.

As far as the paints are concerned, viscosity is an important element. This can be reduced using solvents or increased by adding oils.

Moreover, the way paint and paper interact is affected by how the two are pressed together, and how firmly this is done. Expertise is displayed through a controlled method of applying pressure, whether once or several times, which results in layers, transparent and opaque areas, and the illusion of depth. In any case, this is a highly delicate procedure that requires much dexterity and knowledge. Any excess, whether of paint or of pressure, can ruin the result.

ACCEPTING OR DISCARDING

Swedish art historian and curator Pontus Hultén (1924–2006) wrote the following definition: "A monotype is a unique work; it can be accepted or rejected, but not changed in any way. The transformation of a layout that permits infinite variation into an unchangeable print is a process of great violence, not only because of the immense force exerted by the press, but also because it is instantaneous. The contrast between the period of endless variation and the irrevocable result is dramatic and should be most inspiring. The intervention of chance is concentrated into a fraction of a second in which everything happens at once. The artist's control can be augmented by experience, but it can never become total. It is in rejecting or accepting that the artist is the total master."[5]

Spontaneous, experimental, immediate, lively, unpredictable—all these adjectives apply to the making of monotypes. To summarize, monotypes are an elusive medium full of mystery and vagaries. There is no definitive definition of the technique. It is neither taught at art schools nor adequately considered by art historians. Yet perhaps this is the precise reason for its special charm. Artists making use of monotypes must be willing to give themselves up to the materials and their inherent laws. They must work intuitively and spontaneously, accepting that chance is an unpredictable presence as they work. Their reward, ideally, are evocative unique prints with a wide array of tonalities, transparencies, depth effects, softly shimmering or intensely luminous colors.

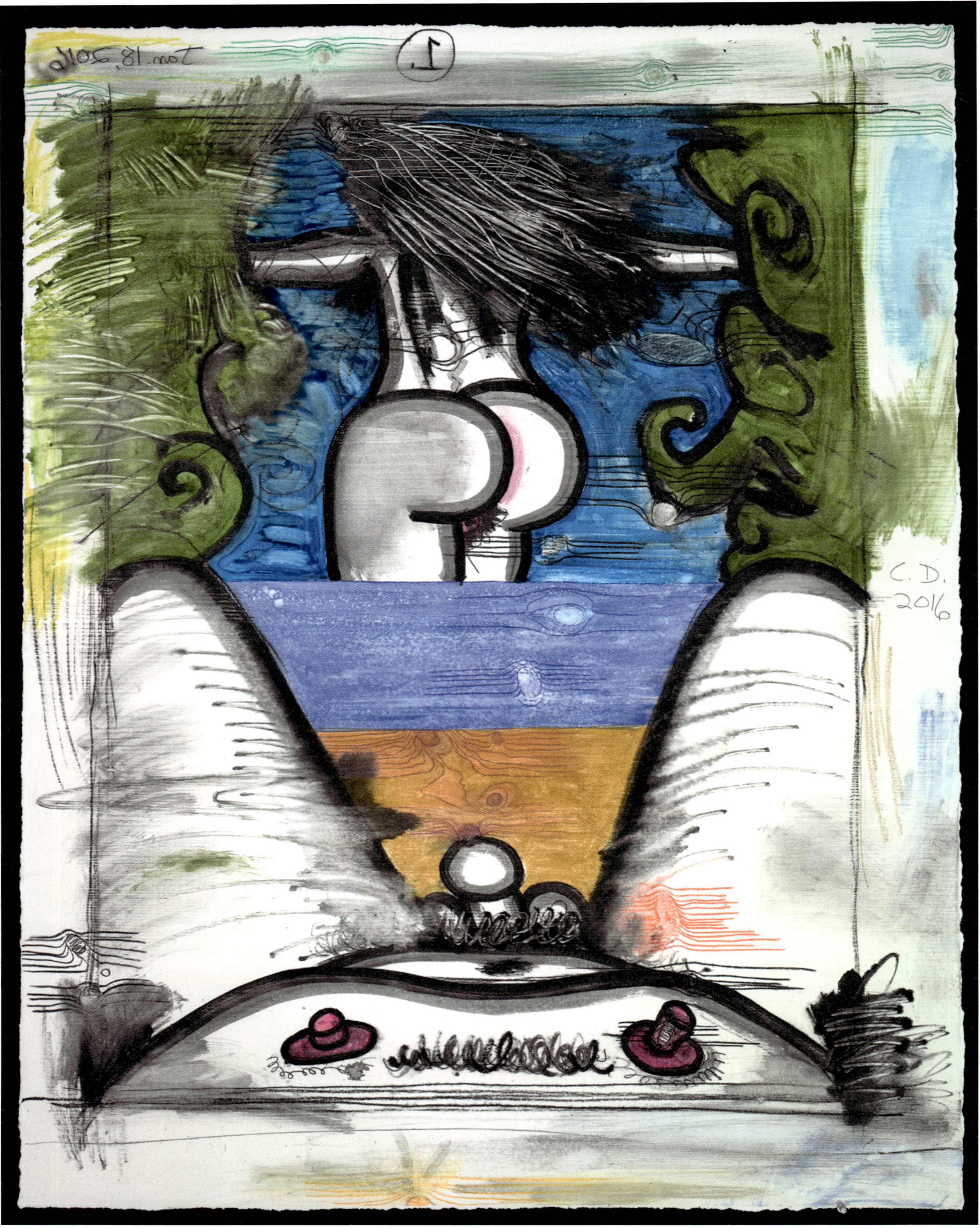

Carroll Dunham

Untitled, Jan. 18, 2016 #1, 2016

Carroll Dunham

*1949 in New Haven, USA; Maler und
Grafiker, lebt und arbeitet in New York
City und Cornwall, USA

Aufgewachsen in der Künstlerkolonie
Old Lyme in Connecticut, kam Carroll
Dunham bereits früh mit Kunst in
Berührung. Er arbeitet in den Medien
Malerei, Grafik, Zeichnung und Skulptur.
Seine farbintensiven Werke bringen
Unbewusstes an die Oberfläche. Häufig
dargestellt wird grenzüberschreitende
Sexualität, die mitunter in Gewalt
übergeht. Dunhams drastische Bild-
sprache bewegt sich zwischen Primiti-
vismus und Comic. Obszönes, Banales
und Groteskes überlagern sich. Die
ambivalente Motivik oszilliert zwischen
Figuration und Abstraktion. Aber auch
der badende weibliche Akt wird häufiger
dargestellt. Bereits in seiner Malerei
benutzt Dunham regelmäßig Holz als
Bildträger. Zudem übernimmt er das
automatische Zeichnen aus dem Surrealismus: Die Motive entstehen aus der
Textur des Holzes. Astlöcher und Mase-
rung dienen ihm als eine Art Vorstruk-
turierung. Diese Vorgehensweise hat er
auch auf seine Monotypien übertragen.
So können Astlöcher etwa zu einem
Anus und feine Maserungen zu einer
Vagina werden.

*Born in 1949 in New Haven, USA; painter
and printmaker, based in New York City
and Cornwall, Connecticut*

*Carroll Dunham encountered art at an
early age as he was raised in the artist
community of Old Lyme in Connecticut.
He works with painting, prints, drawing,
and sculpture.
His intensely colored works bring the
unconscious to the surface, often depicting transgressive sexuality, which
sometimes tips into violence. Dunham's
radical visual language moves between
primitivism and a cartoonish style. The
obscene, banal, and grotesque overlap.
His ambivalent motifs oscillate between
figuration and abstraction, while he
frequently returns to the motif of nude
women bathing. Dunham often uses
wood as a support for his paintings
and has adopted Surrealist automatic
drawing techniques, with motifs emerging from the texture of the wood itself.
Knotholes and the wood grain serve to
predetermine his work, an approach he
has carried over to his monotypes, in
which a knothole can become an anus
and finely grained wood a vagina.*

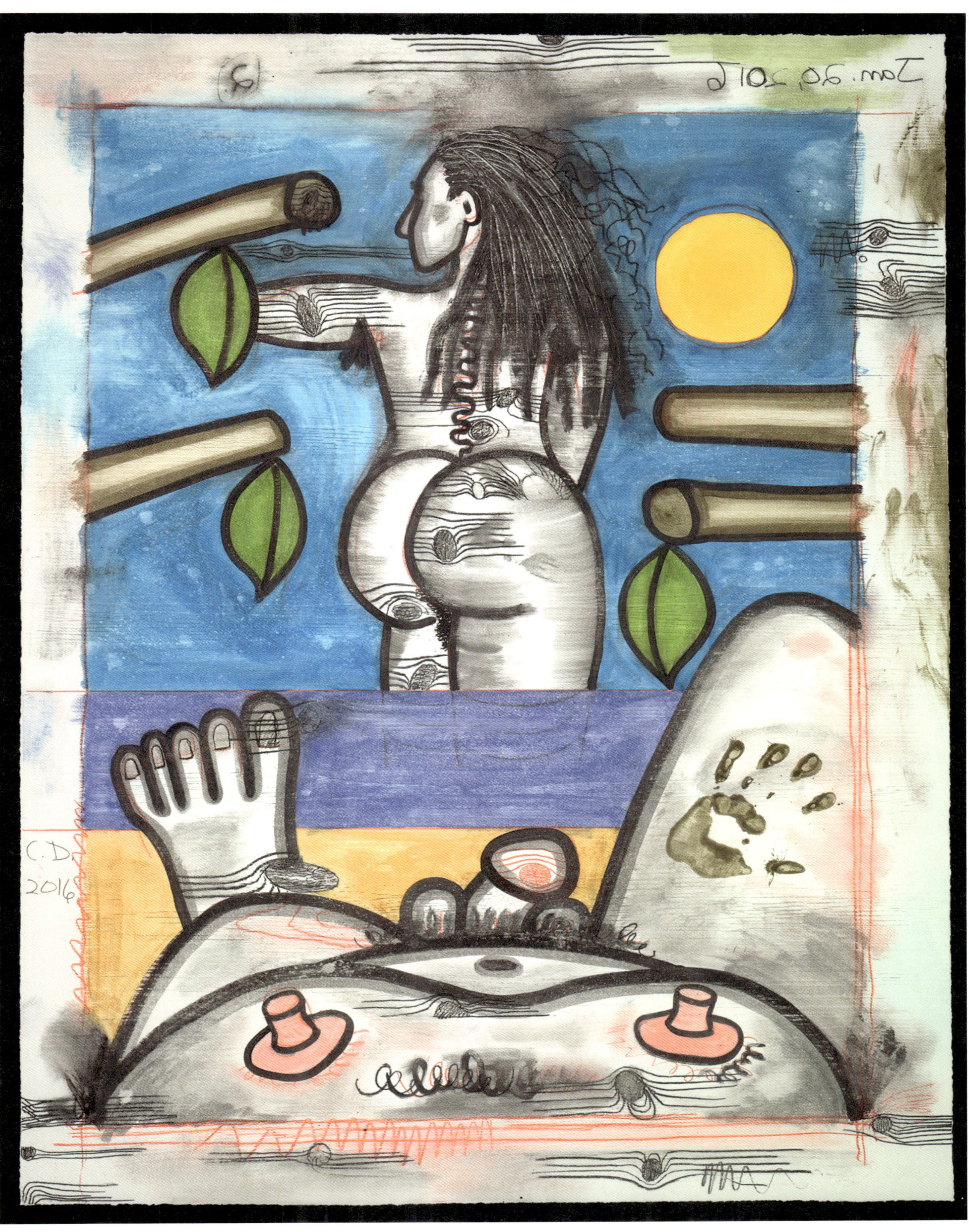

Carroll Dunham

Untitled, Jan. 20, 2016 #2, 2016

MONOTYPIE. ANMERKUNGEN ZU EINER BESONDEREN BILDTECHNIK

Friedemann Malsch

Vor ein paar Jahren sorgte eine überraschende archäologische Meldung für Aufregung: In drei spanischen Höhlen hatte ein internationales Forschungsteam das Alter von Wandzeichnungen untersucht und festgestellt, dass diese mehr als 64.000 Jahre alt sind. Da der moderne Mensch erst vor 40.000 Jahren nach Europa kam, müssen diese Zeichnungen von Neandertalern geschaffen worden sein. Damit war der Nachweis erbracht, dass sich die Neandertaler kognitiv auf Augenhöhe mit dem Homo sapiens befanden. Zu den untersuchten Zeichen gehörten neben Strichen, Punkten und Scheiben auch positive sowie negative Handabdrücke. Diese kann man also mit Fug und Recht als erste Monotypien bezeichnen. Damit gehört die Monotypie zu den ersten drucktechnischen Bildverfahren, wenn sie nicht sogar das erste dieser Art ist.

Im Unterschied zu den jeden Tag von uns hinterlassenen Hand- und Fußabdrücken (auf dem Badezimmerboden, auf dem Tisch, im Sand oder in der nassen Erde), die rein technisch auch als Monotypien bezeichnet werden könnten, zeichnet die vorgeschichtlichen Abdrücke ihre symbolische Funktion aus. Sie haben keine rein praktisch-funktionale sondern eine übertragene Bedeutung und sind deshalb mit der Absicht zur Herstellung eines Bildes entstanden. In diesem Sinne versteht die Kunstwissenschaft die Monotypie noch heute nämlich als ein Verfahren des Abdrucks mit dem Ziel der Gestaltung eines visuellen Komplexes. Sprachlich gesehen ist das Wort Monotypie ein Oxymoron, das heißt die Verbindung zweier gegensätzlicher Elemente. Die Wörter monos und typein stammen beide aus dem Griechischen und bezeichnen eine Anzahl (monos = einzeln) und eine Technik (typein = drucken, drücken). Aus dem Verb typein hat sich in den modernen Sprachen eine ganze Wortgruppe entwickelt: typisch, Typ/Type, Typologie, typologisch, Typewriter usw., sowie -typie als Suffix für Reproduktionstechniken (häufig auch als Synonym für das Suffix -grafie). Monotypie bezeichnet also etwas, das einerseits einzigartig im Wortsinn ist, weil es nur einmal (so) existiert, das andererseits aber mit einer Technik hervorgebracht wurde, die darauf ausgelegt ist, vieles vom Gleichen herzustellen. Einerseits Unikat, andererseits reproduziert; einerseits Original, andererseits durch das Druckverfahren ein Stück weit abgelöst von der gestaltenden Hand. Dieser Charakterzug des Hybrids ist der Monotypie inhärent, und genau dieser Aspekt macht offenbar für Künstlerinnen und Künstler den besonderen Reiz dieses Bildverfahrens aus. Denn das Hybrid weicht die definitorischen Grenzen auf und eröffnet insbesondere spielerischen und experimentierenden Naturen ein weites Betätigungsfeld.

Wir können nicht davon ausgehen, dass der Erfinder der Monotypie als Gattung, der Genueser Maler, Zeichner und Radierer Giovanni Benedetto Castiglione, Kenntnis von den vorgeschichtlichen Höhlenzeichnungen hatte. Interessant ist es jedoch, und vielleicht nicht ohne allegorische Absicht, dass er seine erste Monotypie 1642 für ein in diesem Kontext aufschlussreiches Motiv realisiert, nämlich dem zentralen Moment der Schöpfungsgeschichte, der Erschaffung des Menschen. Dafür zeichnete er mit Tinte das Motiv auf eine Metallplatte und druckte diese dann auf das bereitliegende Papier. Die Tatsache, dass Castiglione nach dieser ersten Monotypie das Verfahren erst nach etlichen Jahren wieder aufgriff und dann fast siebzig Werke in dieser Technik schuf, verstärkt noch einmal die Vermutung, dass der Künstler die Wahl der Bildtechnik bewusst einsetzte, um dem Motiv seine Einzigartigkeit zu verleihen und zu bestätigen. Denn wie der Mensch „nach dem Ebenbild Gottes" durch diesen erschaffen wurde, so ist die Monotypie kein Bild sondern ein Abbild. Sie ist eine objektivierte Zeichnung und entspricht damit dem Schöpfungsakt, der mit dem In-die-Welt-Setzen des Menschen zugleich einen Abstand zwischen dem Schöpfer und seinem Geschöpf schafft, das fortan seinen eigenen Weg gehen muss. Zugleich unterstreicht Castiglione mit der von ihm gewählten Bildtechnik die Einzigartigkeit sowie die typologische Dimension des Schöpfungsaktes. Dies kann darüber hinaus auch als spätes Echo auf die neuplatonische Auffassung vom „disegno divino" verstanden und damit wiederum typologisch für die Zeichnung als quasi-göttlichem Schöpfungsakt gelesen werden. Diese Debatte war zwar schon Ende des 16. Jahrhunderts verebbt, doch allzu weit war sie noch nicht entfernt, und es ist wahrscheinlich, dass Castiglione während seines ersten längeren Aufenthalts in Rom ab 1632 mit ihr in Berührung kam.

Castigliones Erfindung fand offensichtlich bei seinen zeitgenössischen Kollegen wenig Beachtung, und so dauerte es etwa zweihundert Jahre, bis die Monotypie wiederentdeckt wurde. Es waren vor allem die Impressionisten in Frankreich, und hier besonders Edgar Degas und Camille Pissarro, die sich der Technik in größerem Umfang bedienten. Degas widmete sich ihr ab Mitte der 1870er bis in die 1890er Jahre hinein. Der Faszination des Lichtes für die Impressionisten entsprechend bediente er sich der Monotypie mit dem Interesse an besonderen Lichtwirkungen, wie zum Beispiel den Überstrahlungen und fließenden optischen Übergängen in der Darstellung der Kostüme von Balletttänzerinnen im Gegenlicht, die so häufig seine Motive waren. In anderen Werken diente ihm die Monotypie zusätzlich als Vorzeichnung für eine anschließend mit Aquarell und teilweise auch Gouache farbig ausdifferenzierte Darstellung, insbesondere für die komplexen Bildmotive der belebten Szenen in Parks und auf den Straßen von Paris. In den 1890er Jahren beschäftigten sich auch Pissarro und Paul Gauguin (1848–1903) mit der Monotypie. Pissarros Werke bewegen sich ziemlich genau in dem Interessenspektrum Degas, das heißt einerseits zur Darstellung besonders zarter Lichtnuancen, andererseits als Vorzeichnung für komplexe und elaborierte Darstellungen. Beide Aspekte machen deutlich, dass die Impressionisten sich der Monotypie aus formalästhetischen Gründen widmeten und sie in diesem Rahmen austesteten. Symbolische oder gar allegorische Aspekte der Technik für die dargestellten Themen spielen dabei so gut wie keine Rolle. Auch bei Gauguin überwiegt das Formalästhetische: Seine farbigen Monotypien der 1890er Jahre greifen Motive aus seiner bretonischen Zeit und ebenso aus Tahiti auf. Es ist offensichtlich, dass er den auch für seine Malerei charakteristischen stumpfen und flächigen Farbauftrag in der Monotypie gut zur Wirkung bringen konnte. Angesichts dieses Effekts kann eine symbolische Ebene in der Verwendung der Monotypie durch Gauguin nicht ganz ausgeschlossen werden, denn für ihn waren die Flächigkeit und der haptisch-stumpfe Farbauftrag ein Mittel zur Herstellung von Unmittelbarkeit des Dargestellten.

Flächigkeit ist auch ein zentrales Stilmittel in der Kunst von Henri Matisse (1869–1954), und so erstaunt es nicht, dass er sich der Monotypie bediente. Allerdings beschränkt sich dies auf einen zwischen 1914 und 1917 entstandenen Zyklus von 69 Werken, dessen Umfang bemerkenswerterweise exakt der Anzahl der von Castiglione geschaffenen Monotypien entspricht. Matisse nutzte die Monotypie hier zur Herstellung „negativer" Zeichnungen: Er überzog eine Kupferplatte vollflächig mit Druckertinte und kratzte dann in der für ihn typischen eleganten Strichführung die Motive mit sparsamen Linien heraus. Das Ergebnis sind außergewöhnlich sensible Darstellungen von Köpfen, menschlichen (meist weiblichen) Körpern und Stillleben. Im Gegensatz zu einer Zeichnung mit Weiß auf schwarzem Grund, die einen starken

Kontrast bewirkt, ist das Weiß der Monotypien leicht gebrochen. Die Linien werden dadurch weicher und verstärken den plastischen Effekt der Zeichnung. Zugleich wirkt die Darstellung deutlich harmonischer als eine Zeichnung mit Weiß auf Schwarz.

Die Künstler*innen der Ersten Moderne bedienten sich aber auch einer neueren Reproduktionstechnik, um Monotypien doch noch vervielfältigen zu können. Mit der Heliogravüre war es möglich, eine Zeichnung oder eine Monotypie in eine Auflage von unterschiedlicher Höhe zu transferieren. Allerdings steht hinter diesem Vorgehen weniger eine künstlerische Absicht als kaufmännisches Denken.

Lässt man die Praxis der Monotypie in der Zeit der Ersten Moderne Revue passieren, so fällt auf, dass die Entscheidungen zur Verwendung dieser Technik in erster Linie aus formalästhetischen Gründen und nur in nachgeordnetem Maße aus darüber hinaus gehendem Interesse getroffen wurden. Die formalen Aspekte differieren dabei durchaus: Interessiert Degas die besonders durchlässige Lichthaftigkeit des Abdrucks einer Zeichnung, so ist für Matisse gerade die opake Flächigkeit der Tinte für den Abdruck entscheidend. An diesem Beispiel lässt sich das ganze Spektrum der Nutzungsmöglichkeiten der Monotypie ermessen, diese bleiben jedoch gattungsspezifisch innerhalb ihrer definitorischen Grenzen. Zugleich haben die Künstler*innen des frühen 20. Jahrhunderts zahlreiche neue bildgebende Verfahren entwickelt oder solche aus anderen kulturellen Bereichen in die sogenannte Hochkunst eingeführt. So ließe sich beispielsweise diskutieren, ob die gerne von Max Ernst (1891–1976) verwendete Frottage nicht auch wesentliche Elemente der Monotypie aufweist. Definitiv jedoch wird das Spektrum der Möglichkeiten von Monotypie erst in der Zweiten Moderne nach 1950 deutlich erweitert.

Eine spektakuläre Version der Monotypie wurde von dem französischen Künstler Yves Klein (1928–1962) praktiziert. Ab 1958 realisierte er (meist) in öffentlichen Auftritten die sogenannten *Anthropométries*. Dabei handelt es sich um eine Mischform zwischen Malerei und Druckverfahren: Große Leinwände lagen auf dem Boden oder hingen an den Wänden des Raumes, ein oder mehrere nackte weibliche Modelle legten sich in eine große mit der vom Künstler patentierten Farbe „International Klein Blue" (IKB) gefüllte Wanne und drückten sich anschließend nach den Anweisungen des Künstlers auf beziehungsweise gegen die Leinwände, sodass ein blaues partielles Abbild des jeweiligen Körpers entstand. Bisweilen bewegten sich die Modelle auch auf den Leinwänden und wurden damit zu einer Art Pinsel. Jene Leinwände mit den Abdrücken der Modelle ohne zusätzliche Bewegung darauf sind jedoch eindeutig als Monotypien zu bezeichnen. Für die Zweite Moderne ist diese Vermischung verschiedener Bildtechniken charakteristisch, wobei sie bisweilen kunsttheoretisch motiviert ist, andernfalls eher experimentell. Yves Kleins *Anthropométries* sind in jedem Fall weniger experimentell denn als kunsttheoretische Äußerungen zu verstehen. Ein großer Experimentator hingegen war der Schweizer Künstler André Thomkins (1930–1985). Nachdem er bereits seit Mitte der 1950er Jahre mit Materialdruck und Plastilinstempeln experimentiert hatte, entstand 1961 die zweihundert Arbeiten umfassende Werkgruppe der Knülldrucke. Dabei hat ein geknautschtes Blatt Papier auf einem weiteren planen Papier einen Abdruck hinterlassen. Da sich die Struktur des geknautschten Papiers mit jedem Druck verändert, handelt es sich dabei um zweihundert echte Monotypien. Thomkins sagte 1977 in einem Interview mit Dieter Koepplin dazu: „Typisch bei der Entstehung der Knautschblätter war, was auch später oft auftaucht, dass nämlich ein Original in einer Methode entsteht, die rasch das Erreichen eines Einzelbildes erlaubt, das zwar ein Druck, aber in Wirklichkeit doch ein im einzelnen immer wieder neu gemachtes Atelierprodukt ist, also ein multipliziertes Original aus einem handwerklich variierten Vorgang."[6] In diesem Geist sind wenige Jahre später eine Reihe von Zeichnungen entstanden, die man auch als „Rorschachtests" bezeichnen könnte. Dabei wurde auf die eine Hälfte eines zuvor einmal gefalteten Blattes mit dünnem Tintenfaden eine Zeichnung aufgebracht und anschließend auf die andere Blatthälfte gedrückt. Das Endresultat ist ein spiegelsymmetrisches Bild, ein Hybrid zwischen Zeichnung und Monotypie. Eine der größten Werkgruppen von Thomkins sind seine Lackskins, die seit den späten 1950er Jahren entstanden

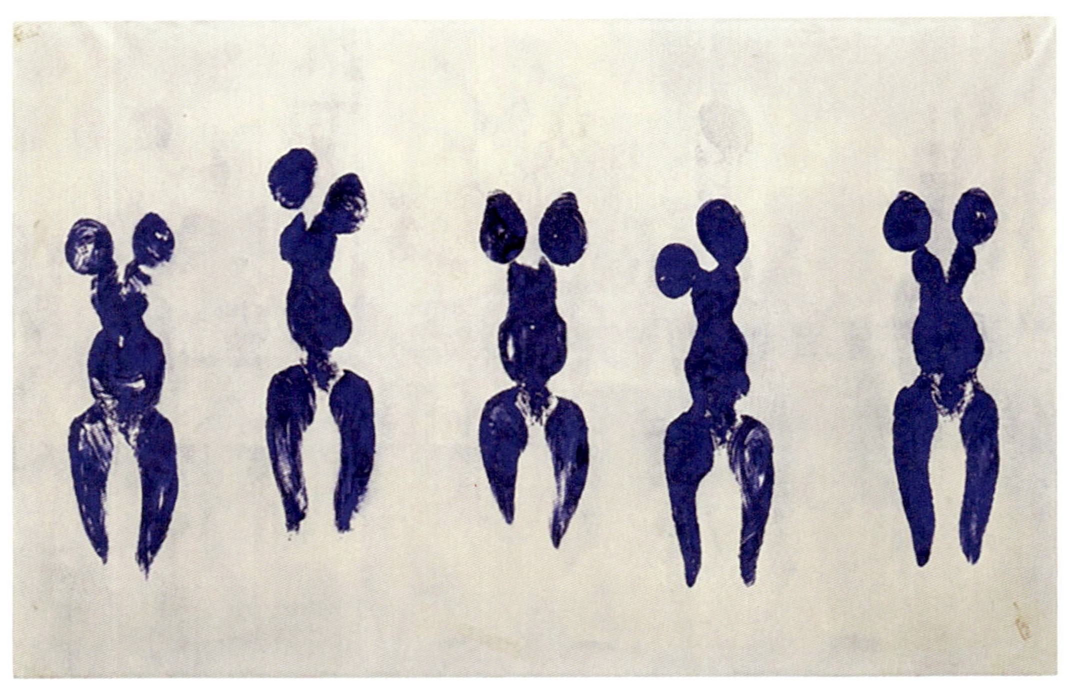

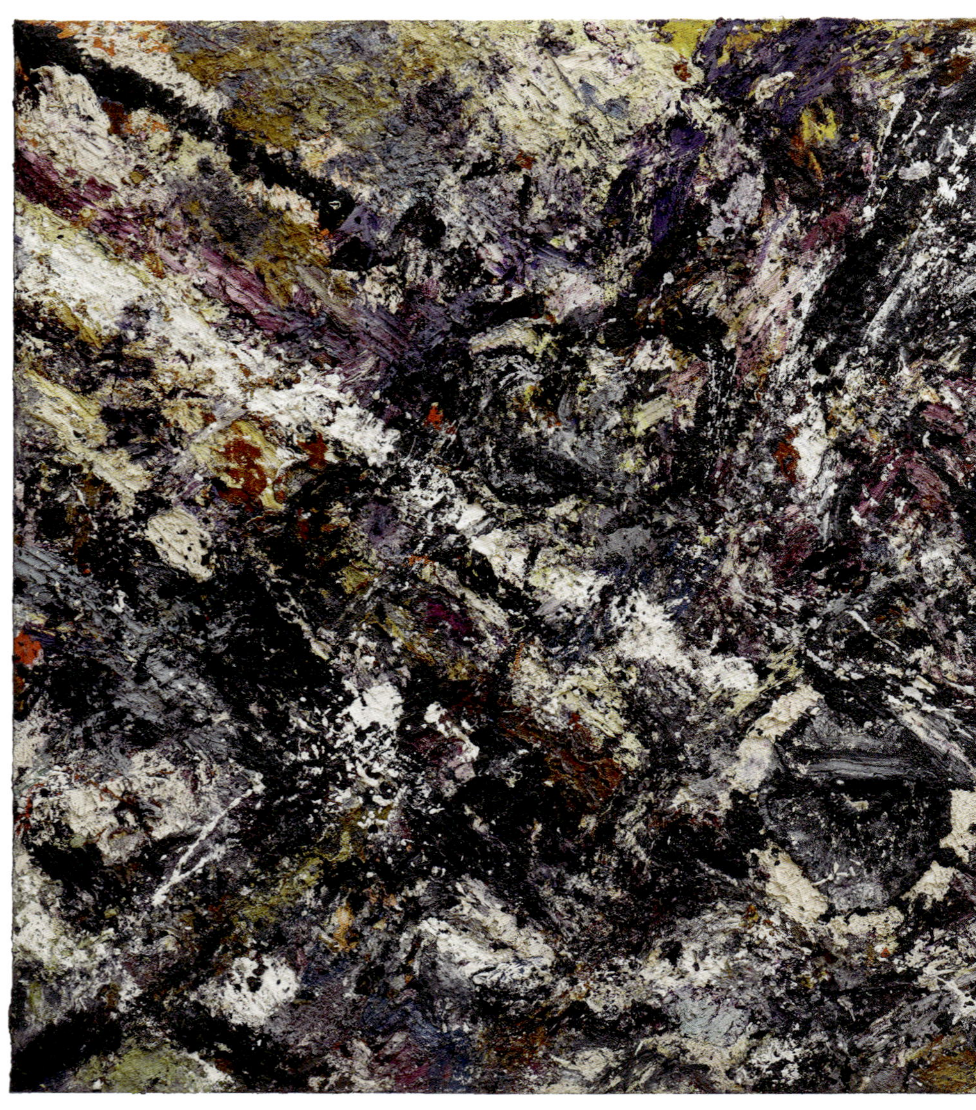

Yves Klein

Rütjer Rühle

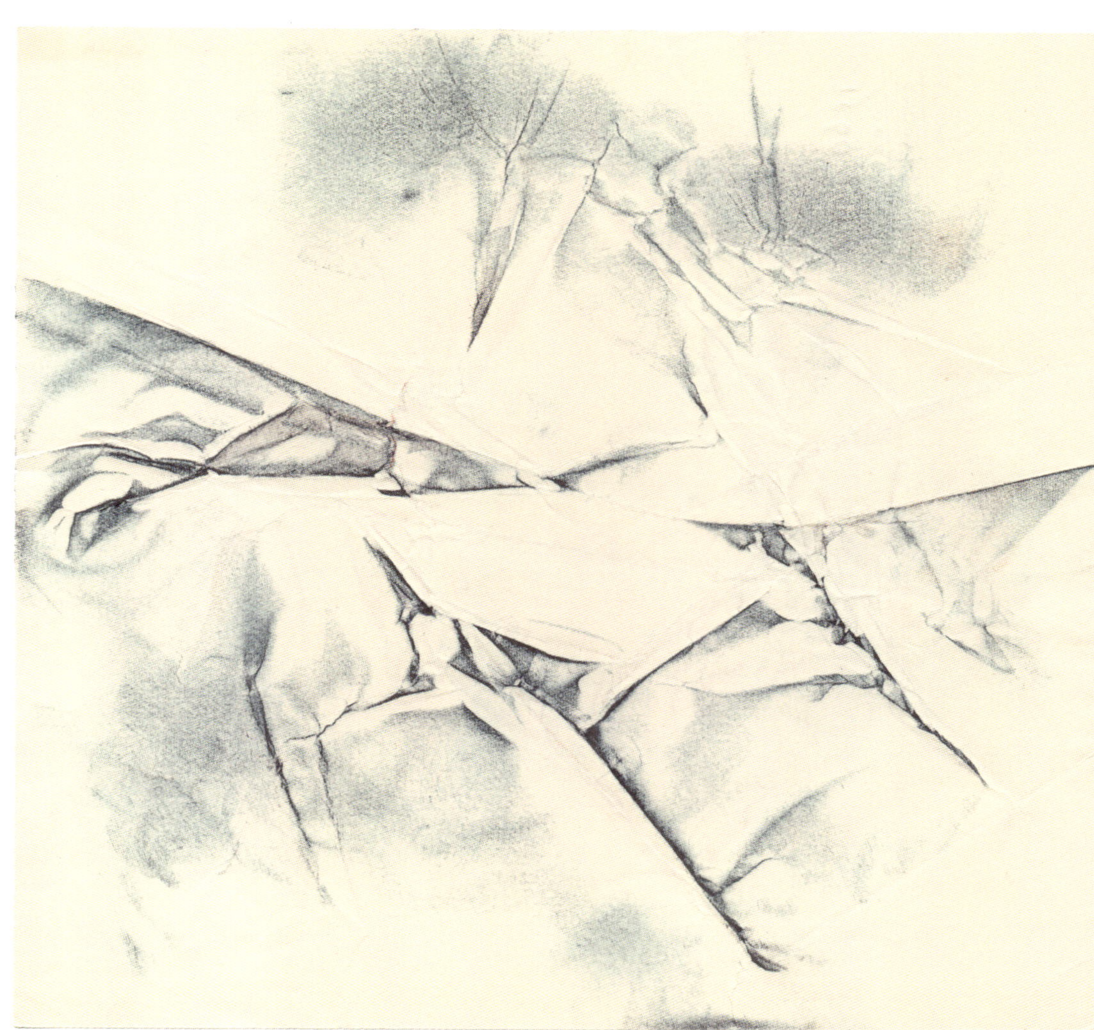

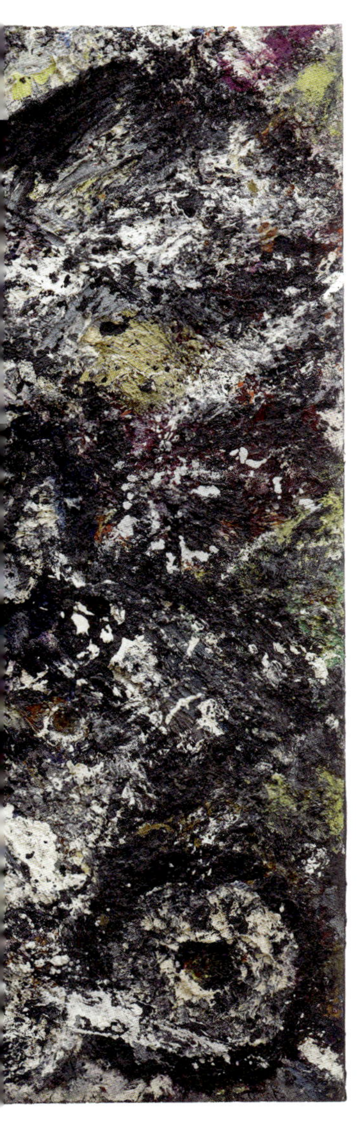

André Thomkins

sind, und in denen es der Künstler zu unübertroffener Meisterschaft gebracht hat. Sie sind ebenfalls ein Hybrid zwischen Monotypie und Zeichnung beziehungsweise Malerei. Dabei wird auf eine Wasseroberfläche mit Lack (als Tropfen oder Faden und in jeder Farbe) eine Zeichnung aufgebracht, die anschließend auf ein Papier fixiert wird. Von Druckverfahren kann hier kaum noch gesprochen werden, doch entsprechen der Transfer eines flüchtigen Bildes auf einen anderen Bildträger sowie die Einmaligkeit der Bildgebung ganz den Merkmalen der Monotypie. Abschließend sei auf zwei künstlerische Positionen verwiesen, die monotypische Verfahren in Zusammenhang mit Malerei zum Einsatz bringen: Rütjer Rühle (*1939) und die Zwillinge Gert & Uwe Tobias (*1973). Rühle begann nach Jahren spätexpressiver und später fotorealistischer Malerei in den 1970er Jahren große Leinwände pastos direkt mit den Händen zu bemalen und bewegte sich damit zwischen Abstraktem Expressionismus und informeller Malerei. Um den diesen Leinwänden innewohnenden Subjektivismus zu relativieren, bedeckte er anschließend quer oder längs geschnittene Baumscheiben dick mit Farbe und drückte diese dann auf die bemalte Leinwand. Die erkennbare Kontur und bisweilen auch die innere Struktur der Baumscheiben überlagert in diesen Bildern die „Handschrift" des Künstlers auf der darunter liegenden Malschicht und versieht das ganze Bild mit einer objektivierten Struktur, ohne dass diese die Malschicht ganz verdeckt.

Das Ergebnis ist die permanente Befragung der Malerei nach ihrer eigenen Bestimmung. Die Brüder Gert & Uwe Tobias haben ein besonderes Verfahren entwickelt, das es ihnen ermöglicht, stets die Balance zwischen Druckgrafik und Malerei zu wahren. Mühelos bespielen sie dabei sowohl großformatige Papiere wie auch Leinwände. Die Größe des Formats spielt bei ihren Arbeiten eine zentrale Rolle, denn sie lässt in der Regel Malerei erwarten. Zwar kennen wir großformatige Holzdrucke in der zeitgenössischen Kunst wie etwa bei dem Schweizer Franz Gertsch. Entgegen dessen fein ziselierten, monochromen Bildfindungen zeichnen sich die Werke der Brüder Tobias durch kräftige Farben und eine deutliche Lokalfarbigkeit mit großer Flächenhaftigkeit aus. Ihre Holzdrucke existieren in der Regel in einer Auflage von zwei Exemplaren, sie sind gleichwohl als vollwertige Monotypien zu bezeichnen. Die Motivik stammt aus dem Fundus der Kunstgeschichte, sie reicht von Hieronymus Bosch bis zum Surrealismus. Die Brüder Tobias sind erkennbar nicht an den formalästhetischen Aspekten der Monotypie interessiert, sie verwenden dagegen diese Technik, um eine hermetische Bildwelt zu produzieren, in der das Geschehen ganz zwischen den einzelnen Bildelementen einerseits und ihren (kunst-)geschichtlichen Bezügen andererseits verläuft. Damit stehen die Künstler dem Werk und der Position eines André Thomkins sehr nahe. Allerdings ist die Monotypie in ihrer künstlerischen Praxis ganz in der Postmoderne angekommen.

ON MONOTYPES: OBSERVATIONS ON A REMARKABLE IMAGE-MAKING TECHNIQUE

Friedemann Malsch

A surprising archaeology report prompted excitement some years ago: an international research team had investigated the age of wall paintings in three Spanish caves and determined that they were over sixty-four thousand years old. Since modern humans first came to Europe forty thousand years ago, this meant that the drawings must have been made by Neanderthals. This finding provided evidence that Neanderthals were cognitively the equal of Homo sapiens. The symbols investigated included lines, dots, and wedges as well as positive and negative handprints. These can conclusively be termed monotypes—which is to say that monotypes are one of the first ever printing methods, if not the very first of all. In contrast to the hand- and footprints we leave behind every day (on the bathroom floor, on tables, in sand, or in wet earth), which can be described as monotypes in wholly technical terms, the prehistorical prints are characterized by their symbolic function. While they are not solely practical or functional, they possess a metaphorical meaning and were thus created with the intention of making an image. Even today, monotypes are understood in art history as a means of making an imprint with the aim of creating a visual entity. In linguistic terms, the word monotype is an oxymoron, for it unites two opposing elements. In Greek, monos ("one") and typein ("press" or "print") refer to a number and a technique. In modern languages, the root verb typein is part of a number of word groups: typical, type, typology, typological,

typewriter, and so on. The suffix -type also indicates reproduction technologies (and is often also a synonym for the suffix -graphy). So a monotype refers to something one of a kind in linguistic terms because only one instance is extant, yet is made with a technology intended to make multiple identical copies. A unique piece on the one hand, a reproduction on the other; an original, yet removed from the creating hand thanks to the reproduction technology employed. Monotypes are inherently hybrid in character, and clearly this is precisely why the method is so attractive to artists. For a hybrid evades denotative boundaries and opens up a broad spectrum of actions that is especially appealing for playful and experimental individuals.
We cannot assume that the inventor of monotype as a genre, the Genovese painter, draftsman, and etcher Giovanni Benedetto Castiglione had any knowledge of prehistoric cave paintings. Yet it is interesting, illuminating, and perhaps not without allegorical intention that his first monotype, made in 1642, depicts a pivotal moment in Genesis: the Creation of Man. Castiglione used ink to draw this motif on a metal plate, which he then pressed onto a sheet of paper. The fact that Castiglione only returned to this process many years after he made this first monotype, and that he proceeded to make almost seventy works, bolsters the sense that the artist deliberately chose this image-making technique to validate his motif and underscore its uniqueness. For just as man was made

"in the image of God," the monotype too is not an image, but an illustration. It is an objectified drawing that parallels the act of creation. Placing man into the world at once created a distance between creator and creation, who from this point on had to make his own way. At the same time, Castiglione emphasized the uniqueness of his choice of image-making process and the typological dimension of the act of creation. This, moreover, can be understood as a distant echo of the neo-Platonic concept of disegno divino, reflecting the typological dimension of a drawing as a quasi-divine act of creation. This debate had waned by the late sixteenth century, but it was not so very distant, and it is likely Castiglione was aware of it during his first extended stay in Rome, starting in 1632.

Castiglione's invention evidently went unnoticed by his contemporaries, and it took roughly two hundred years for monotypes to be rediscovered. It was the French Impressionists, in particular Edgar Degas and Camille Pissarro, who began making extensive use of the technique. Degas focused on it from the mid-1870s to the 1890s. In keeping with the Impressionists' fascination with light, he was particularly interested in the unique light effects that were possible with monotypes, such as overshadowing and fluid visual transitions when depicting back-lit ballet dancers in costume, his preferred subject. In other works, he used the monotype as a preliminary sketch that he modified with watercolors and sometimes gouache to represent sophisticated arrays of colors, especially when depicting complex scenes of Paris's lively parks and streets. Pissarro and Paul Gauguin also made use of monotypes in the 1890s. Pissarro's work overlaps almost exactly with Degas's range of interests, that is, depicting particularly delicate nuances in lighting while serving as a preliminary sketch for more complex and elaborate works. Both aspects show that the Impressionists made monotypes and explored their possibilities for formal and aesthetic reasons. There was no symbolism or allegory between the process and the themes depicted. Formal and aesthetic considerations were paramount for Gauguin, too. His color monotypes made in the 1890s depict motifs from his time in Brittany and Tahiti. Monotypes were clearly able to adeptly capture the dull, flat application of paint also characteristic of his paintings. With this effect in mind, a symbolic level in Gauguin's use of monotypes cannot be entirely ruled out, for he found flatness and the haptically dull application of paint a means of creating a sense of immediacy in the subject.

Two-dimensionality was also a central stylistic device in the work of Henri Matisse, making it is no surprise that he used monotypes. However, this was limited to a cycle of sixty-nine works he made between 1914 and 1917, which remarkably equates the exact number of monotypes made by Castiglione. Here, Matisse used monotypes to create "negative" drawings: he completely coated a copper plate with printer's ink and then scratched his motifs with a few elegant lines typical of his style. This resulted in exceptionally delicate depictions of busts, mostly female figures, and still lifes. In contrast to drawing with white on a black ground, which creates a stark contrast, the white in a monotype is more of an off-white. This results in softened lines, which increases the sculptural effect of the drawing, and it appears decidedly more harmonious than a drawing made by drawing white on black.

In the early twentieth century, modernist artists also made use of a newer reproduction technique to make it possible to reproduce monotypes. Photogravure enabled them to reproduce drawings and monotypes a varying number of times. Yet this process was driven less by artistic intention than business sense. In the practice of making monotypes in the early twentieth century, the choice of technique was clearly primarily led by formal, aesthetic reasons, and secondary factors were less important. The formal factors differed: Degas was especially interested in the translucent light captured in such a work, while Matisse appreciated the opaque, two-dimensional effect of the print. This example reveals the whole spectrum of the possibilities provided by monotypes, yet they remained genre-specific within their denotative boundaries. Moreover, artists of the early twentieth century developed countless new image-making techniques and repurposed processes found in other cultural fields, employing them in fine art for the first time. For instance, it could be debated whether frottage, a technique preferred by Max Ernst (1891–1976), does not possess essential characteristics of monotypes. Yet the spectrum of possibilities when making monotypes was only significantly broadened in postwar modernism, after 1950. French artist Yves Klein (1928–1962) made a spectacular variation on monotypes.

In 1958 he began his Anthropométries in public performances. This entailed a blend of painting and printing: large canvases were placed on the ground and on the walls. One or more naked female models stepped into a large tub filled with the artist's patented color, International Klein Blue (IKB). They then pressed themselves against or onto the canvases following the artist's instructions, resulting in a partial image of their bodies in blue. The models would sometimes move against the canvases, becoming a kind of brush. Yet each model print, made with no further movements, can definitively be termed a monotype. Such a blending of image processes is characteristic of late modernism, motivated sometimes by art theory but also a desire to experiment. Klein's Anthropométries, in any event, are less experimental than they are theoretical art expressions. In contrast, Swiss artist André Thomkins (1930–1985) was very much an explorer. After experimenting with printing using everyday objects and rubber stamps, he made a series comprising two hundred works in 1961. The series, which he called Knülldrucke (Crumpled Prints), consisted of prints made by pressing a crumpled piece of paper onto another sheet of paper. The structure of the crumpled paper changed with each print, resulting in two hundred true monotypes. In an interview with Dieter Koepplin in 1977, Thomkins said, "The typical thing about making the crumpled images—and what later recurred—was that the method quickly produced an original, singular image. Although this may have been a print, in reality it was, seen in detail, a new product of the studio each time—

that is, a multiplied original handmade through a changing process."[6]
In this spirit, a few years later he created a series of drawings that could be called Rorschach tests. A drawing was made on one half of a folded piece of paper using a thin line of ink and then pressed onto the other half. The result is a symmetrical mirror image that is a hybrid of a drawing and a monotype. One of Thomkins's most extensive series is Lackskins, *which he began in the late 1950s and which reveal the artist's unequalled virtuosity. They too are a hybrid of monotype and drawing (or painting). He created them by making a drawing on the surface of water with paint (either in drops or lines and in many colors) and later affixed it to a sheet of paper. While this can hardly be called a printing process, it involves transferring an ephemeral image onto another image substrate, as well as the creation of a one-of-a-kind image—both hallmarks of the monotype.*
Last of all, two artists are to be mentioned who combined the monotype process and painting: Rütjer Rühle (b. 1939) and the twins Gert and Uwe Tobias (b. 1973). In the 1970s, after years of painting in a late Expressionist and subsequently Photorealistic style, Rühle began to make impasto paintings on large canvases working directly with his hands. They hover between Abstract Expressionism and Art Informel. To offer a context for the inherent subjectivity of these works, he then thickly coated vertical or horizontal cross sections of tree trunks with paint and pressed these onto the painted canvas. In these
paintings, the visible contours and sometimes also the inner structure of the cross-sections cover the artist's "handwriting" in the underlying layer of paint, endowing the entire work with an objectified structure without wholly covering the paint layer. The result is a permanent challenging of painting with its own tools.
The brothers Gert and Uwe Tobias developed a special process that allowed them to strike a balance between printed work and painting. They effortlessly work with large sheets of paper and with canvases. The scale of their pieces, which is more often associated with painting, plays a central role in their oeuvre. Large-format wood engravings do exist in contemporary art, as in the work of Swiss artist Franz Gertsch. Yet in contrast to Gertsch's delicately etched, monochrome pictorial creations, the Tobias brothers' work is characterized by vibrant colors and clear independent coloricity across large surfaces. Their wood engravings are normally made in an edition of two, and can just as well be described as actual monotypes. Their motifs are drawn from art history and range from Hieronymus Bosch to Surrealism. The Tobias brothers are clearly uninterested in the formal aesthetic aspects of monotypes, but rather use this technique to produce a hermetic pictorial world in which the actions occur wholly between the individual image elements and their art historical references. In this, the artists are quite close to such artists as André Thomkins. Yet their art practice also firmly places monotypes in the era of postmodernism.

Ulrike
Theusner

*1982 in Frankfurt (Oder); Zeichnerin, Malerin und Grafikerin, lebt und arbeitet in Weimar und Berlin

Ulrike Theusner studierte an der Bauhaus-Universität Weimar. Sie arbeitet mit nahezu allen erdenklichen Techniken und Materialien: Tinte, Tusche, Kreide, Pastell, Radierung, Holzschnitt, Kohlestift, Fotografie, Malerei, Collage, Assemblage, Skulptur und Installation. Als Vorbilder nennt sie unter anderen Munch, Goya und Rembrandt. Aber auch Literatur und aktuelle Musik haben großen Einfluss auf ihr Werk.
Ihre Motivik umfasst Landschaft, Stadt, Interieur, Individuen und Paare, Selbstporträts, Kostümierungen, Geister oder die Lichter der Großstadt. Die Motive werden über einen längeren Zeitraum in verschiedenen Medien bearbeitet. So entstehen auch immer wieder eher kleinformatige Monotypien, in denen sie die für sie typischen Sujets aufgreift.
In einem Interview aus dem Jahr 2020 gab sie Einblick in ihre Vorstellungswelt: „Jedes Bild ist für mich wie ein Geheimnis. Wenn ich zuvor um des Rätsels Lösung wüsste, würde ich keines schaffen. Es ist eine Reise ins Ungewisse. Erst wenn ein Bild fertiggestellt ist, kann ich darüber nachdenken … Bewusste Gedankengänge spielen eine untergeordnete Rolle. Ich arbeite sehr intuitiv."[7]

Born in 1982 in Frankfurt an der Oder, Germany; draftswoman, painter, and printmaker, based in Weimar and Berlin

Ulrike Theusner studied at the Bauhaus University Weimar. She works with almost every conceivable technique and material: ink, chalk, pastel, etching, woodcut, charcoal pencil, photography, painting, collage, montage, sculpture, and installation. She cites artists such as Munch, Goya, and Rembrandt as her inspirations. Literature and contemporary music also have a great influence on her work.
Her motifs include landscapes, cities, interiors, individuals and couples, self-portraits, costumes, ghosts, and the lights in urban spaces. These motifs are worked on over an extended period in various media. Theusner often makes monotypes, usually in a small format, in which she investigates these same characteristic subjects.
In a 2020 interview, she offered some insight into her imaginative world: "Every picture is a mystery to me. If I knew the solution to the puzzle beforehand, I wouldn't create. It is a journey into the unknown. Only when a picture is finished can I contemplate it. . . . Conscious thought processes play a subordinate role. I work very intuitively."[7]

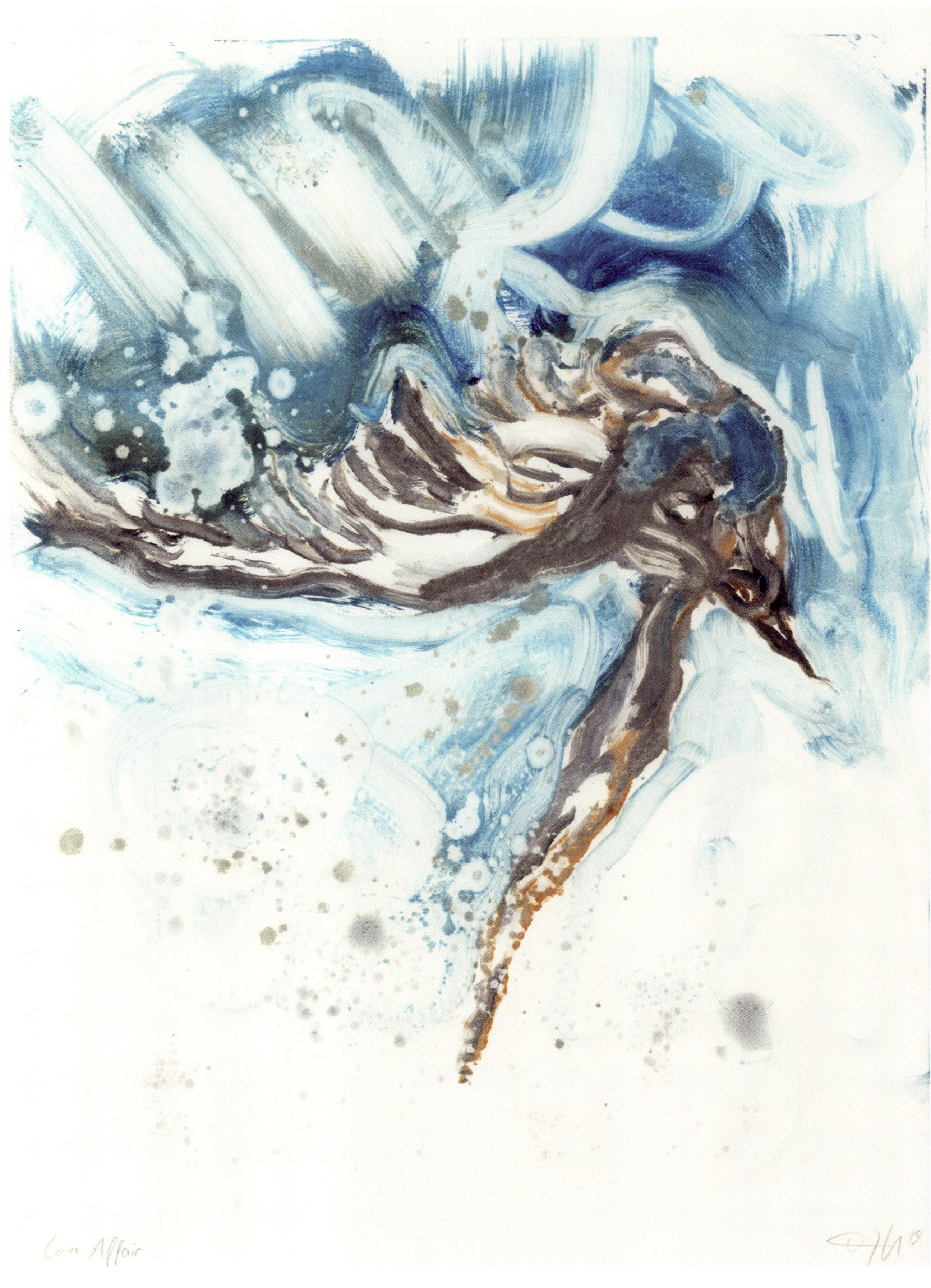

Ulrike Theusner

Love Affair, 2019

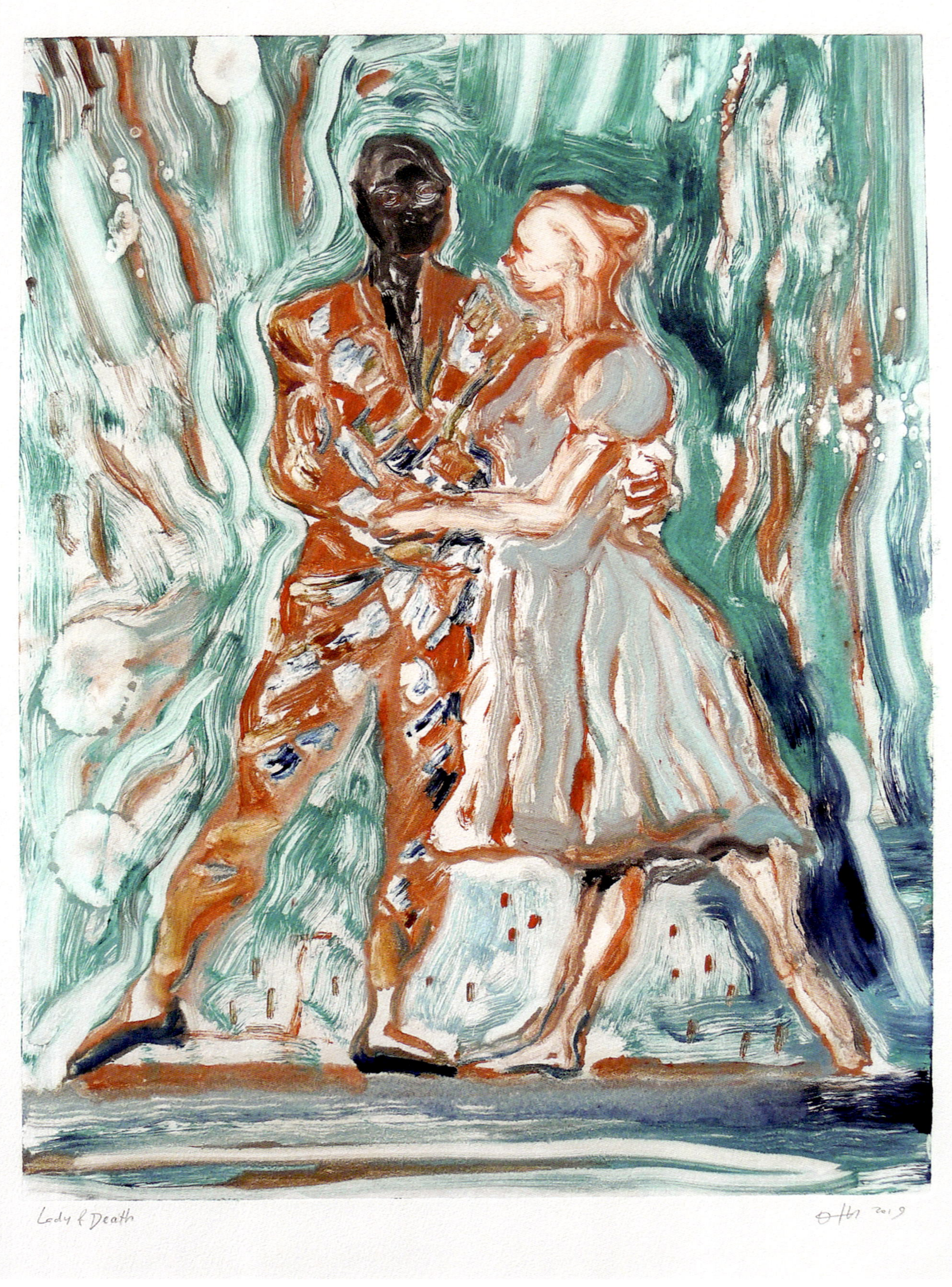

Ulrike Theusner

Lady & Death, 2020

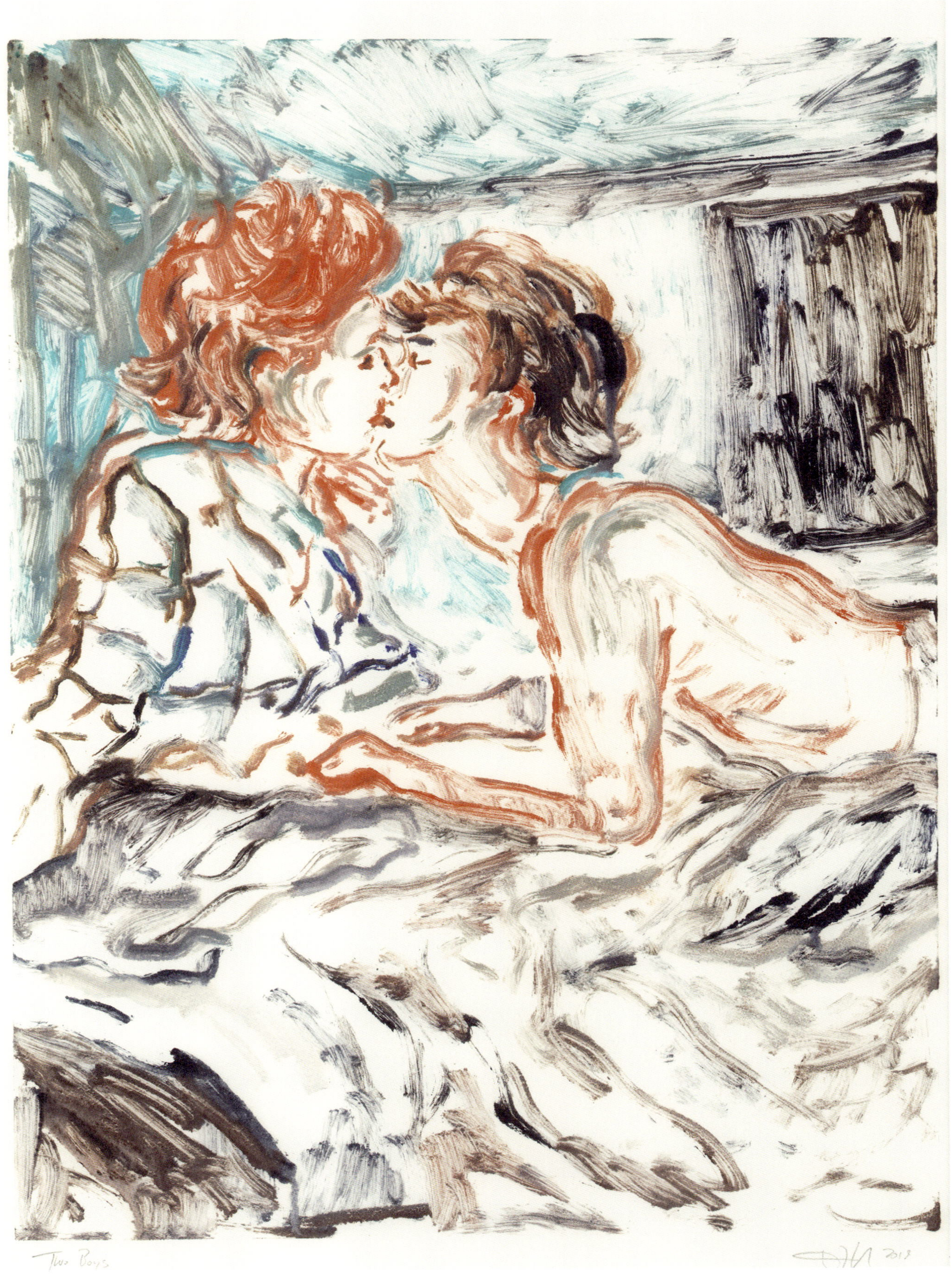

Ulrike Theusner

Two Boys, 2019

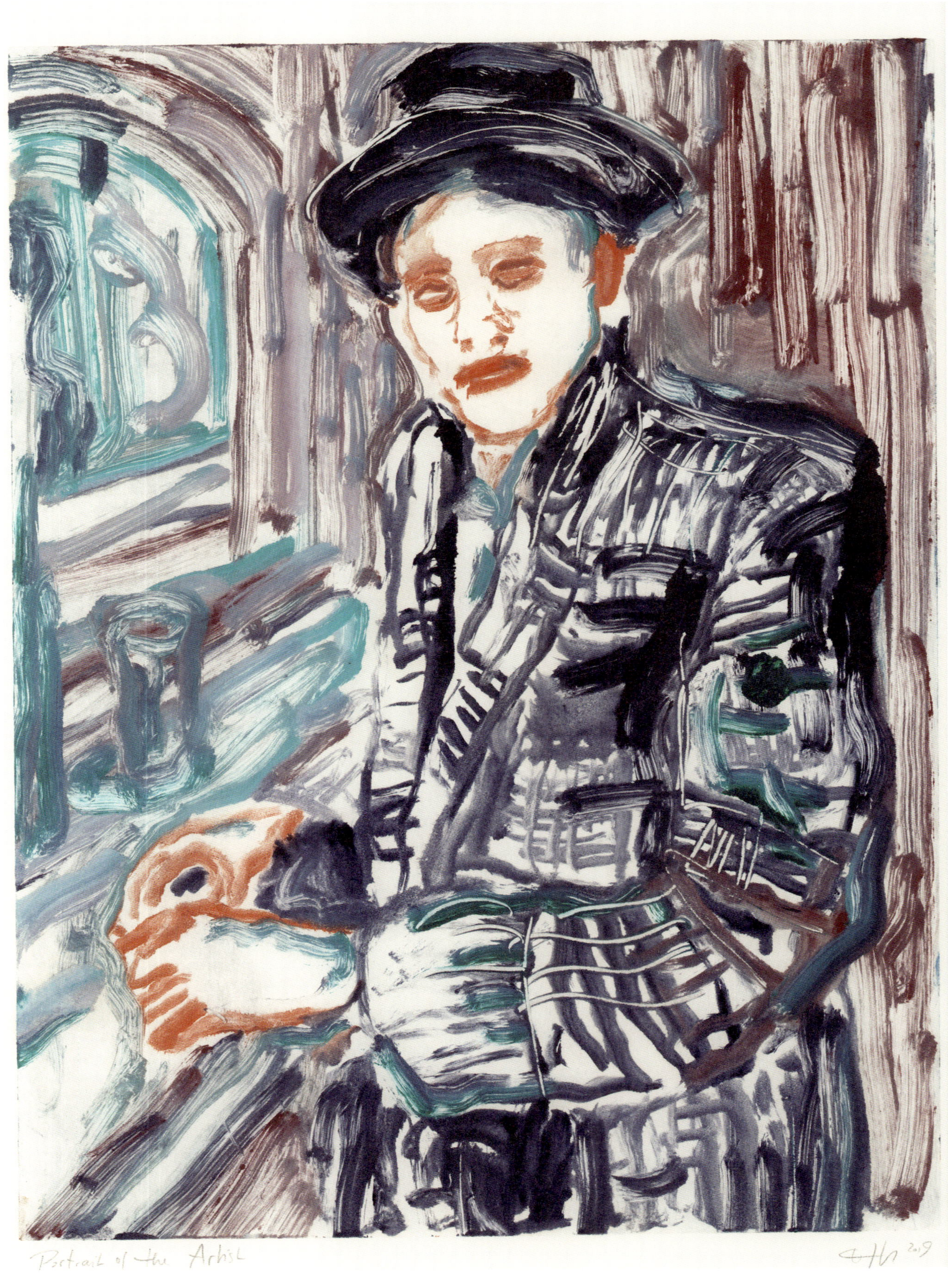

Ulrike Theusner

Portrait of the Artist, 2019

DIE UNWIDERLEGBARE WAHRHEIT DES GEDRUCKTEN

Nicole Büsing und Heiko Klaas im Gespräch mit Matthias Kunz

Matthias Kunz betreibt zusammen mit Sabine Knust die international gut aufgestellte Galerie Knust Kunz Gallery Editions mit Ausstellungsräumen in München und im belgischen Knokke-Heist. Mit dem Medium Monotypie hat er sich seit vielen Jahren intensiv beschäftigt. Grund genug für Nicole Büsing und Heiko Klaas, ihm zu dem Thema einige Fragen zu stellen

Nicole Büsing und Heiko Klaas: Herr Kunz, das Medium Monotypie spielt sowohl in der kunstwissenschaftlichen Literatur als auch im Ausstellungsbetrieb bislang nur eine untergeordnete Rolle. Wie erklären Sie sich das?

Matthias Kunz: Aus Künstler*innensicht sieht das anders aus. Künstler*innen untereinander sind mit Sicherheit im Dialog von Werk zu Werk. Die kreative und visuelle Durchschlagskraft der Technik Monotypie, ihre Besonderheit und Freiheit, die in der Lücke der Erwartungshaltung beispielsweise im Œuvre eines Gauguin besteht, ist mir stark in Erinnerung geblieben nach der fulminanten Gauguin-Ausstellung im New Yorker MoMA 2014, in der diese Technik als strahlender Stern am Firmament kreativen Schaffens im Druckprozess auftauchte.
Vielleicht ist die Frage auch eine andere, vielleicht ist gerade die Verengung des Blickes auf eine Technik das Besondere, da wir auch nicht erwarten, dass eine Ausstellung oder ein Buch das Thema Zeichnung oder Malerei auf Leinwand so direkt inhaltlich in den Vordergrund stellt.

Es ist vielleicht gerade diese Fokussierung, die es erlaubt, einen eigenen Pfad in die kunstwissenschaftliche Forschung zu schlagen – in einer nicht hierarchischen Weise, in einer nur am künstlerischen Impetus angelehnten Konzentration.

NB & HK: Andererseits gibt es, angefangen bei Per Kirkeby über Herbert Brandl und Gerhard Richter bis hin zu jüngeren Vertreter*innen wie Shara Hughes oder Mia Chaplin auch unter den Gegenwartskünstler*innen immer wieder herausragende Persönlichkeiten, die sich intensiv mit dem Medium beschäftigen und in der Monotypie künstlerische Möglichkeiten ausleben, die ihnen andere Medien wie Zeichnung, Malerei oder Grafik nicht bieten. Als Galerist, der viele dieser Künstler*innen ausstellt, sind Sie mit ihnen in engem Kontakt. Was fasziniert diese Künstler*innen am Medium Monotypie?

MK: Das müssten die Künstler*innen eigentlich selber beantworten. Aus meiner Sicht lautet die Antwort so: Das eigene Können, die eigene Intuition, die eigene Erfahrung mit der technischen Finesse der Druckwerkstatt und dann diesem unsagbaren Anderen zu verknüpfen, das in der vollständigen Abgabe der letzten Einflussnahme auf das Werk besteht, und diesen Vorgang zu akzeptieren, der mit Zufall oder Weltenlauf nur falsch zu bezeichnen wäre. Aber doch auch einen Schritt dahin erlaubt, sich jedes Mal wieder zu freuen, wenn die Künstler*innen auch voller Überraschung vor dem eigenen Werk stehen. Das ist in den Medien übergreifend, aber in der Monotypie in diesem Moment präzise orchestriert, wenn das Blatt von der Platte abgehoben wird, nach einer auch physisch machtvollen Pressung der Pigmente in die Oberfläche, und das Resultat unveränderlich vor Augen steht. Pontus Hultén hat es schön beschrieben, wenn er sagt, die Maßgabe des Zufalls ist in den Bruchteil einer Sekunde komprimiert, in der alles zugleich geschieht.

NB & HK: Worin liegen Ihrer Meinung nach die Stärken und die Einschränkungen des Mediums Monotypie?

MK: Ich hoffe, in vielen Jahren eine Antwort auf diese Frage geben zu können, nachdem ich mehr gesehen und noch mehr Künstler*innen gesprochen habe … Die Frage impliziert eine strukturelle Wertung, die ich mir erst aneignen müsste und mich schwer tue zu formulieren, da ich nicht aus der Perspektive der Schaffenden spreche. Heute gehe ich vom Phänomen aus, das heißt, ich erlaube mir, die Erfahrung angesichts des jeweiligen Werkes zu machen. Da ist dann sicherlich auch die Freude der Entdeckung von bestimmten Partien auf der Blattweiße, wo Pigmente wie hingehaucht eingefangen sind oder der Ausdruck eines Pinselschwungs verknüpft ist mit der unwiderlegbaren Wahrheit des Gedruckten oder Gepressten, also der Dauerhaftigkeit. Die Begrenztheit des Mediums setzt möglicherweise auch genau den Reizimpuls, zwischen den Grenzpflöcken, die die Technik setzt, aus künstlerischer Hinsicht die Bälle hin und her über das Feld zu schlagen. Dabei im Kopf auch immer die umgekehrte

Richtung des Bildaufbaus mitzuspielen, wenn das Ergebnis im Abzug seitenverkehrt vor einem steht.

NB & HK: Häufig wird die Monotypie zur Darstellung von Naturmotiven oder Landschaften verwendet. Mitunter wirken die Ergebnisse aber auch vollkommen abstrakt. In jedem Fall ist das Endresultat nicht exakt vorhersagbar. Insgesamt scheint also der intuitive Aspekt zu überwiegen. Könnten Sie uns Gegenbeispiele nennen? Welche Künstler*innen nähern sich dem Medium mit eher konzeptuellen beziehungsweise seriellen Ansätzen oder postmodernen Codes?

MK: Ein Merkmal im Entstehungsprozess ist in den meisten Fällen eine Fokussierung des künstlerischen Arbeitens auch und gerade hinsichtlich des Orts und der Zeit. Künstler*innen gehen in eine Art Klausur in der jeweiligen Druckwerkstatt. Dort entstehen in der Regel die Monotypien in kleinen Serien. Die technische Unterstützung der Druckwerkstatt gibt dem Resultat ein weiteres finales Element, die Walze geht drüber, und alle treten zurück in gespannter Erwartung des Ergebnisses. Dann, wenn dieses akzeptiert ist, setzt das nächste Bildgeschehen ein … Es ist nicht ausgeschlossen, oder auch gerade erwünscht, letzte verbleibende Reste der Farbe, den sogenannten Ghost, auf der Platte als Anhaltspunkt für die weiteren Pinselstriche zu nehmen – als sei für eine bestimmte Tiefe im Bildgeschehen der Anker schon ausgeworfen. In konzeptueller Hinsicht sind sicher auch die kleinformatigen Serien Günther Förgs zu erwähnen, die in mehrteiliger, serieller

*THE
INCONTROVERTIBLE
TRUTH ABOUT PRINTS*
*Nicole Büsing and Heiko Klaas in
Conversation with Matthias Kunz*

Weise untereinander verknüpft einen schönen Klang zwischen Konzeption und Intuition spielen.

NB & HK: Als Galerist kommen Sie ja auch immer wieder mit Sammler*innen des Mediums in Kontakt. Was fasziniert diese speziell im Zeitalter digitaler Medien und computerunterstützter Verfahren der Bilderzeugung am Medium Monotypie? Hat sich das Interesse der Sammlerschaft an Unikatdrucken in letzter Zeit verstärkt?

MK: Monotypie als Schatten der Malerei übt eine ganz eigene Anziehungskraft aus. Das visuelle Phänomen entzieht sich zunächst der Aneignung. Ist es Zeichnung, Malerei, Grafik, wie entsteht es? Im Gespräch mit Interessent*innen und Sammler*innen wird deutlich, dass dieses existenzielle Moment im Schaffensprozess – die Anlage der Farbe, der Form auf der Platte und die anschließende physisch kraftvolle Entwicklung des Motivs hin zu seiner unwiderruflichen bildlichen Bannung – durchaus eine besondere Betrachtungsfreude impliziert.

NB & HK: Welche Zukunftsperspektiven sehen Sie für das Medium Monotypie? Könnte das jahrhundertealte Medium gar vor einer neuen Renaissance stehen?

MK: Ja. Eine Neuauflage der im 19. Jahrhundert beliebten Monotype-Partys wurde gerade für eine Art School in Washington annonciert.

NB & HK: Herr Kunz, wir danken Ihnen für das Gespräch.

Matthias Kunz runs Knust Kunz Gallery Editions with Sabine Knust. They operate on an international scale, with exhibition spaces in Munich and Knokke-Heist, Belgium. Kunz has been committed to the subject of monotypes for many years—reason enough for Nicole Büsing and Heiko Klaas to ask him a few questions.

Nicole Büsing and Heiko Klaas: Mr. Kunz, monotypes play a secondary role in both art-historical scholarship and in galleries. Why do you think that is?

Matthias Kunz: Artists would see that differently. They certainly speak with each other about their works. The creative, visual impact of monotypes and their distinctive, liberated qualities became particularly apparent to me after seeing the fantastic Gauguin exhibition at the Museum of Modern Art in New York in 2014, where you could see how monotypes occupied the gap between expectations within the artist's oeuvre. In that exhibition, they emerged as a radiant star in the artist's creative body of printed works.
It may be that we should be asking a different question altogether: perhaps what's actually unusual is limiting our focus to one technique. After all, we wouldn't expect an exhibition or book to foreground the topic of drawing or painting on canvas. Perhaps concentrating on monotypes opens up a new approach to art-historical research that is nonhierarchical, in which one concentrates only on the artistic impetus.

NB & HK: And yet there are many exceptional contemporary artists—including

Per Kirkeby, Herbert Brandl, and Gerhard Richter, or more recently Shara Hughes and Mia Chaplin—who have worked with the medium intensively and explore the breadth of possibilities monotypes afford, otherwise unavailable in media such as drawing, painting, and prints. You're in contact with many of these artists as their dealer. What is it about the medium of the monotype that fascinates them?

MK: Really, the artists ought to answer that themselves. From my point of view, the reasons are: the chance to unite their own ability, intuition, and experience with the technical finesse of the print workshop, and with that ineffable other thing that demands the ultimate relinquishment of control over the work at its final stage, and accepting this process, which can't be termed coincidence or fate. Nevertheless, this last phase repeatedly allows the artist to be astonished by their own work. This is true of other media, but in monotypes the moment is precisely orchestrated when the sheet is lifted from the plate after pigments have been forcefully and physically pressed onto its surface, and the unalterable result is revealed. Pontus Hultén beautifully described it as the fraction of a second into which fortune's force is compressed, where everything happens at once.

NB & HK: In your opinion, what are the strengths and shortcomings of monotypes?

MK: I hope to be able to answer this question in some years, after I have seen more and spoken to even more artists … The question implies a structural judgment that I would have to make, and which I struggle to pass, because I am not speaking from the perspective of a creator. Now, my understanding is based on the specific work I am regarding. This certainly includes delight over those areas where pigment appears to have been breathed onto the paper and trapped, or the expressive gesture of the brush caught within the interconvertible truth—that is, the permanence—of the printed work. The medium's very limits might serve as an invitation to the artist to bat balls across the field between boundary markers—and in the process, to always bear in mind the mirror image of the work one is creating, which will be revealed when the print displays that inverse.

NB & HK: Monotypes are often used to depict natural motifs and landscapes. Yet the outcomes sometimes appear wholly abstract. In any event, the final result can't be precisely predicted. All in all, the intuitive aspect appears to have the upper hand. Can you cite any counterexamples? Which artists make use of the medium with the intention of working conceptually, in series, or of using postmodern codes?

MK: One common characteristic of the creative process is the focus on the artistic process with regard to space and time. Artists enter the print workshop under what you might call exam conditions. Monotypes are usually made in small series. Technical support from the print workshop imbues the result with a further final element: the roller rolls and everyone steps back in anticipation of the result. Then, if it is accepted, the next image event takes place . . . Lingering traces of ink (known as the ghost) are often present on the plate, may in fact be actively desired, and are taken as starting points for further brushstrokes, as though the anchor has already been dropped to a certain depth in the image. With regard to a conceptual approach, I must mention Günther Förg's small-scale series that reference one another in a multipart series, together forming a lovely harmony of idea and intuition.

NB & HK: As an art dealer, you regularly come into contact with individuals collecting monotypes. What about this medium in particular fascinates them in an era of digital media and computer-assisted image production? Have collectors become more interested in unique prints as of late?

MK: Monotypes have a magnetism all their own in their role as the shadow of painting. The visual phenomenon is initially quite puzzling: Is it a drawing, a painting, or a print? How was it made? When I speak to interested parties and collectors, it is clear that the existential element in the creative process—when the ink is applied, the form is defined on the plate, and a final powerful physical force is exerted to irrevocably create the image—is a unique delight to experience.

NB & HK: What future relevance do you see for the monotype? Is it possible that the centuries-old medium is experiencing a renaissance?

MK: It is. A revival of the monotype party, which was popular in the nineteenth century, has just been announced at an art school in Washington, DC.

NB & HK: Thank you for taking the time to speak with us, Mr. Kunz.

Günther
Förg

*1952 in Füssen, † 2013 in Freiburg i. Br.;
Maler, Bildhauer und Fotokünstler

Ob in den Medien Malerei, Bildhauerei
oder Fotografie – Günther Förg hat sich
in seinem umfangreichen Werk stets mit
dem Nachhall der großen Avantgarde-
bewegungen des 20. Jahrhunderts
beschäftigt. Sein Künstlerkollege Albert
Oehlen brachte das einmal voller Aner-
kennung auf die griffige Formel, Förg
schaffe „Erhabenes aus etwas, das schon
erhaben ist"[8]. Günther Förgs Gemälde
zeichnen sich durch ihren meist dünnen,
flächigen und gleichzeitig gefühlvollen
Farbauftrag aus. Insgesamt haftet seiner
Malerei etwas Intuitives, Lässiges und
Unmittelbares an. Immer wieder kommt
es zu Überlagerungen von Farben, Linien
und Flächen. Dass er auch am Medium
Monotypie Gefallen gefunden hat, liegt
auf der Hand. Förgs Monotypien sind
meist kleinformatig. Häufig sind sie
zusätzlich übermalt. Das motivische
Spektrum ist angelehnt an seine Fenster-
und Gitterbilder.

*Born in 1952 in Füssen, Germany, d. 2013
in Freiburg i. Br.; painter, sculptor, and
photographic artist*

*In his extensive oeuvre of paintings,
sculptures, and photographs, Günther
Förg always focused on the aftermath of
the great twentieth-century avant-garde
movements. His fellow artist Albert Oehlen
once concisely expressed his admiration,
stating that Förg "creates sublime works
from something that is already sublime."[8]
Förg's paintings are characterized by
their mostly diluted, flat, and yet sensitive application of color. Overall, his
paintings contain something intuitive,
relaxed, and immediate. Overlapping
colors, lines, and surfaces are frequently
seen. His interest in monotypes is easy
to understand. Förg's monotypes are
usually small-format works and are often
overpainted. The motifs seen follow
those found in the artist's window and
grid paintings.*

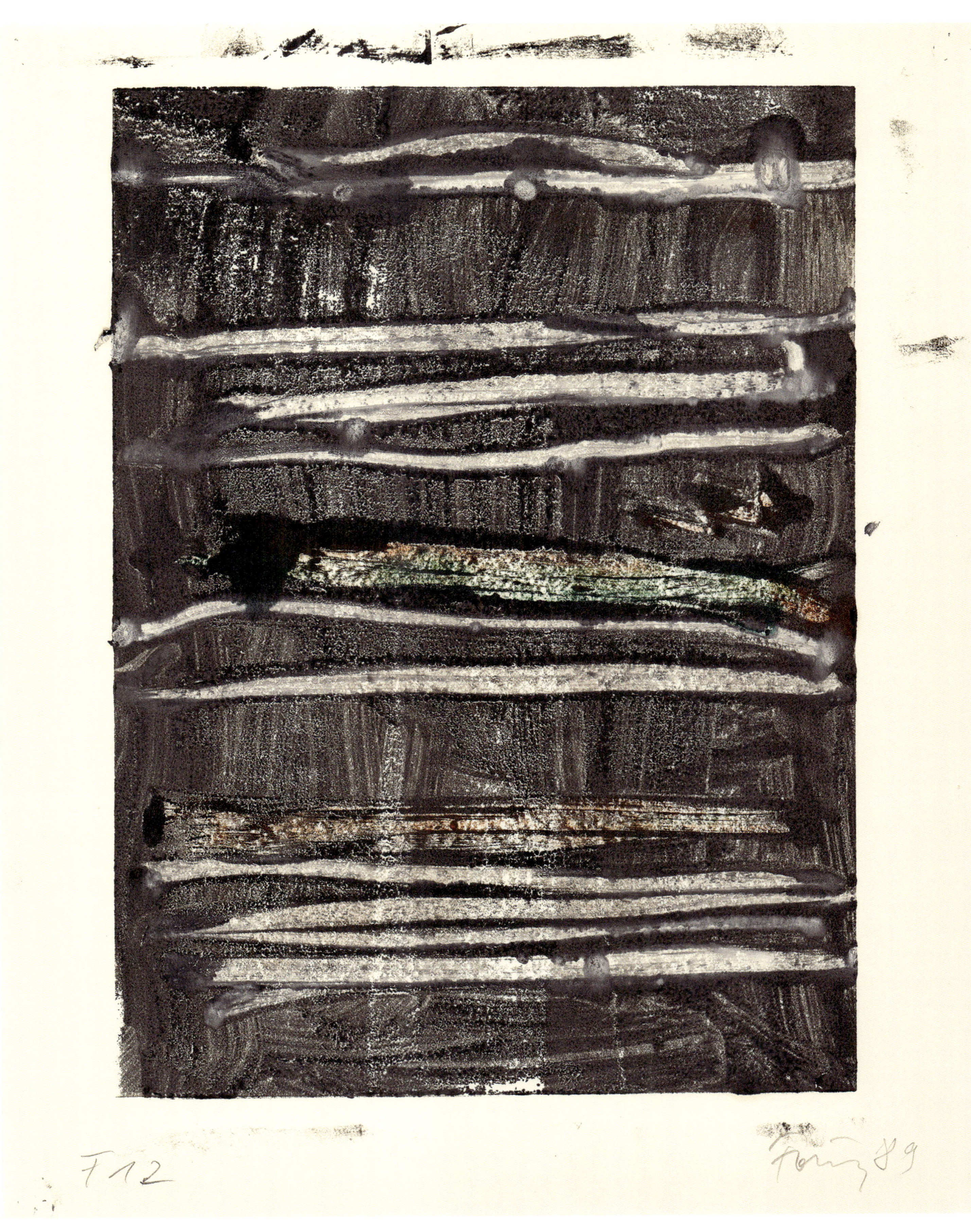

Günther Förg

Ohne Titel, 1989

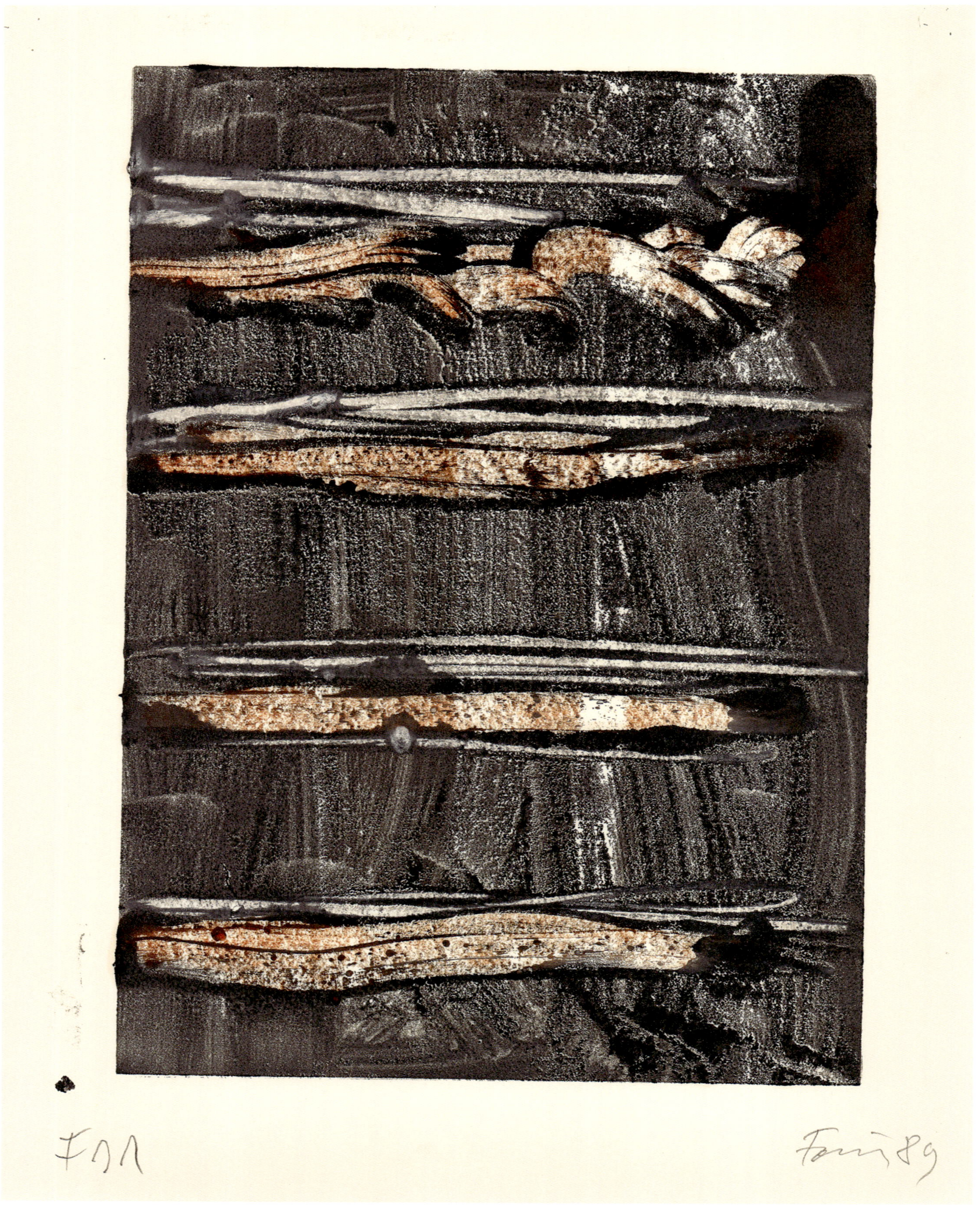

Günther Förg

Ohne Titel, 1989

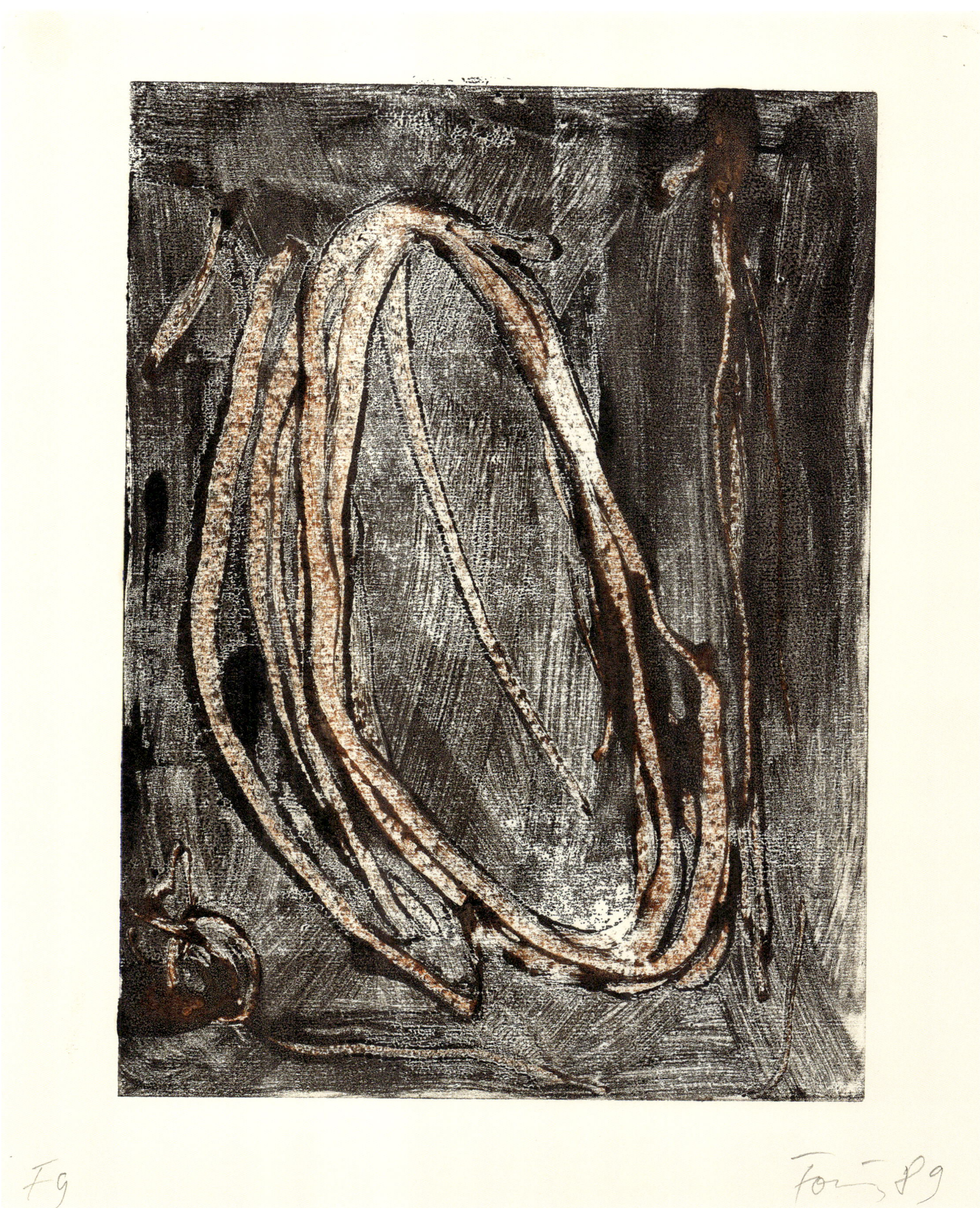

Günther Förg

Ohne Titel, 1989

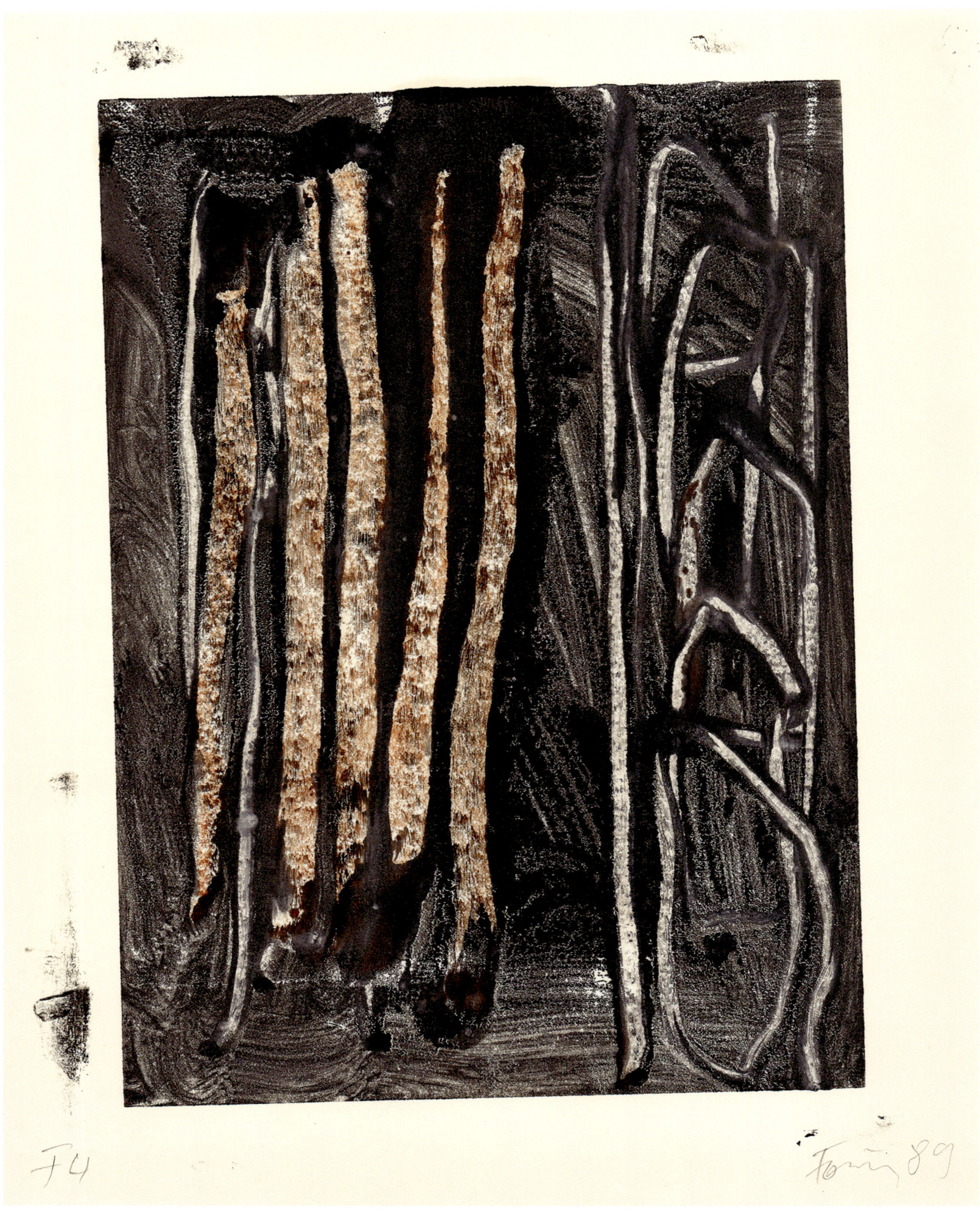

Günther Förg

Ohne Titel, 1989

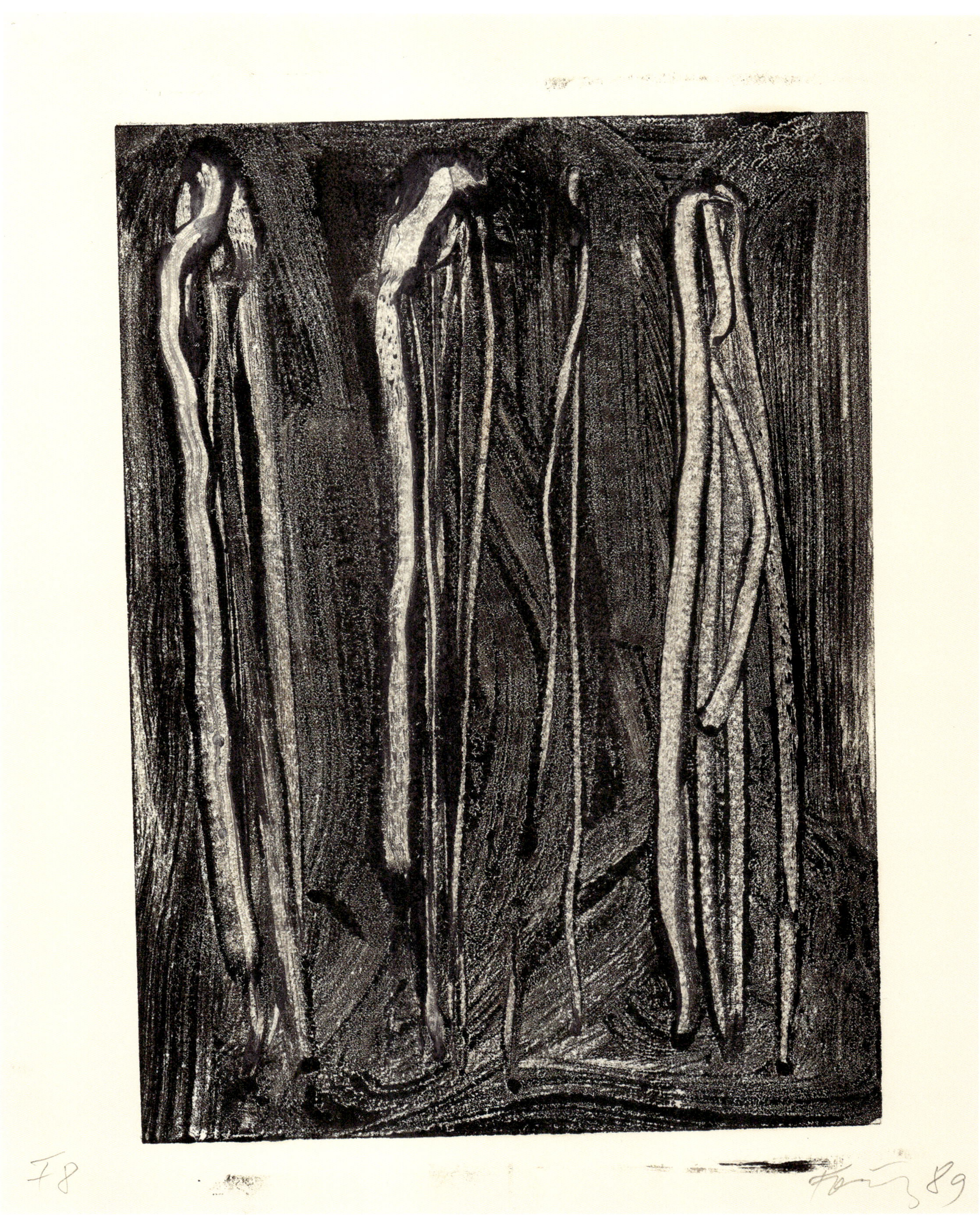

Günther Förg

Ohne Titel, 1989

John
Cage

* 1912 in Los Angeles, USA, † 1992 in New York City, USA; Komponist, Musiktheoretiker, Dichter, Philosoph und bildender Künstler

Viele Arbeiten von John Cage basieren auf dem chinesischen Text *I Ging*, dem Buch der Wandlungen. Für ihn wurde es zu einem Werkzeug, um den Zufall in die Entstehung seiner Kompositionen, Dichtungen und Werke der bildenden Kunst einzubinden. „Ich verwende Zufallsoperationen, anstatt nach meinen eigenen Vorlieben und Abneigungen zu handeln. Ich nutze meine Arbeit, um mich zu verändern, und ich akzeptiere, was die Zufallsoperationen mir sagen. Das *I Ging* sagt, wenn du die Zufallsoperation nicht akzeptierst, dann hast du auch kein Recht, sie zu nutzen. Das ist eine klare Aussage, an die ich mich halte."[9] Nichtintentionale Zufallsexperimente mit ungewöhnlichen Techniken liegen daher auch seinen Monotypien zugrunde, die er beispielsweise unter Zuhilfenahme farbig eingefärbter Schnüre anfertigte oder aber mit Brandspuren versah.

Born in 1912 in Los Angeles, USA, died in 1992 in New York; composer, musicologist, poet, philosopher, and visual artist

Many of John Cage's works are based on the Chinese text The I Ching, *or Book of Changes. This book became a tool with which the artist could make use of chance when creating his compositions, poetry, and visual art. "I use chance operations instead of operating according to my likes and dislikes. I use my work to change myself and I accept what the chance operations say. The* I Ching *says that if you don't accept the chance operations, you have no right to use them. Which is very clear, so that's what I do."[9] Accordingly, chance-driven experiments performed with no clear intent and using unorthodox techniques formed the basis of his monotypes. Some of these were made using dyed cords or by adding scorch marks.*

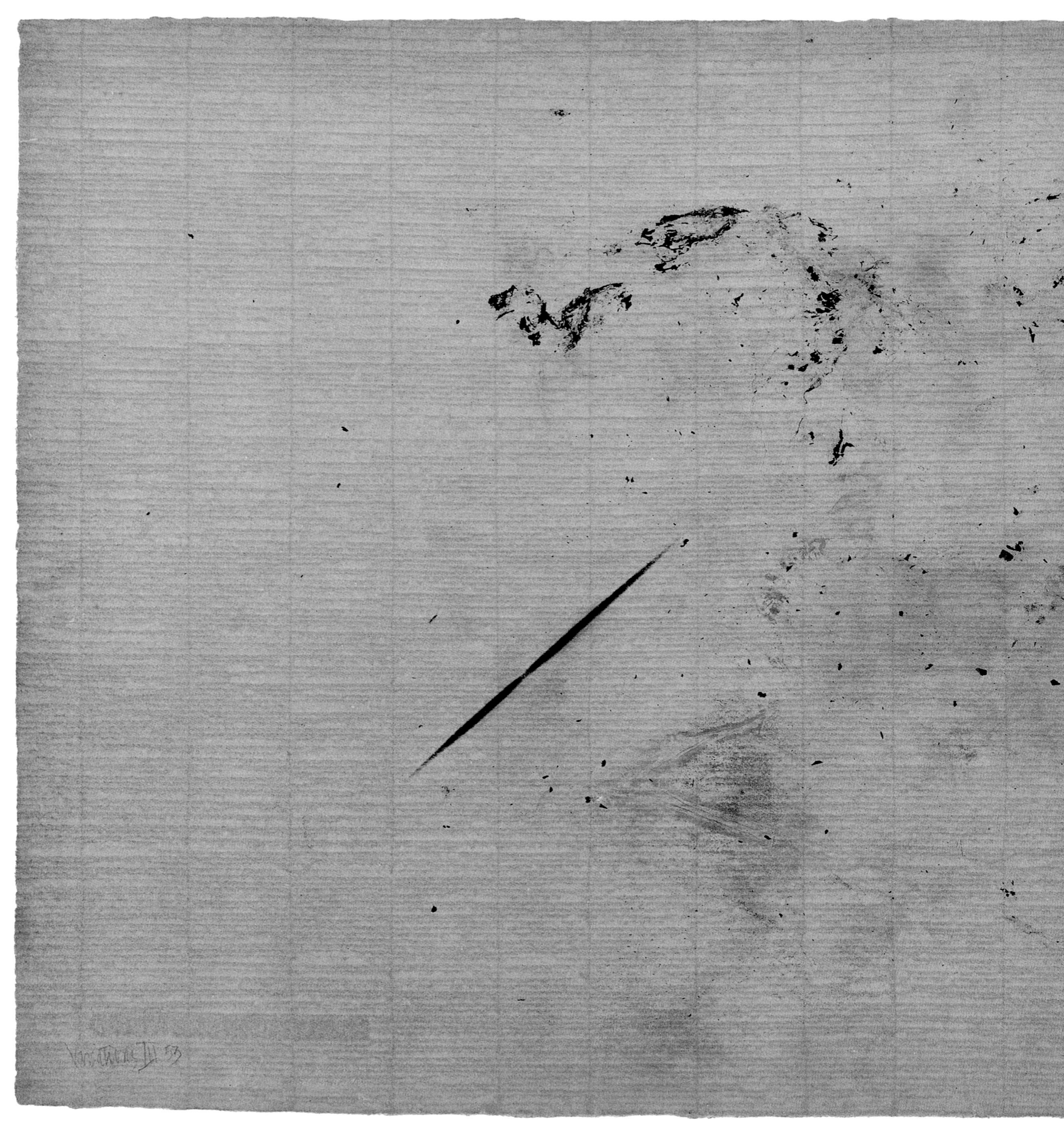

John Cage

Variations III #53, 1992

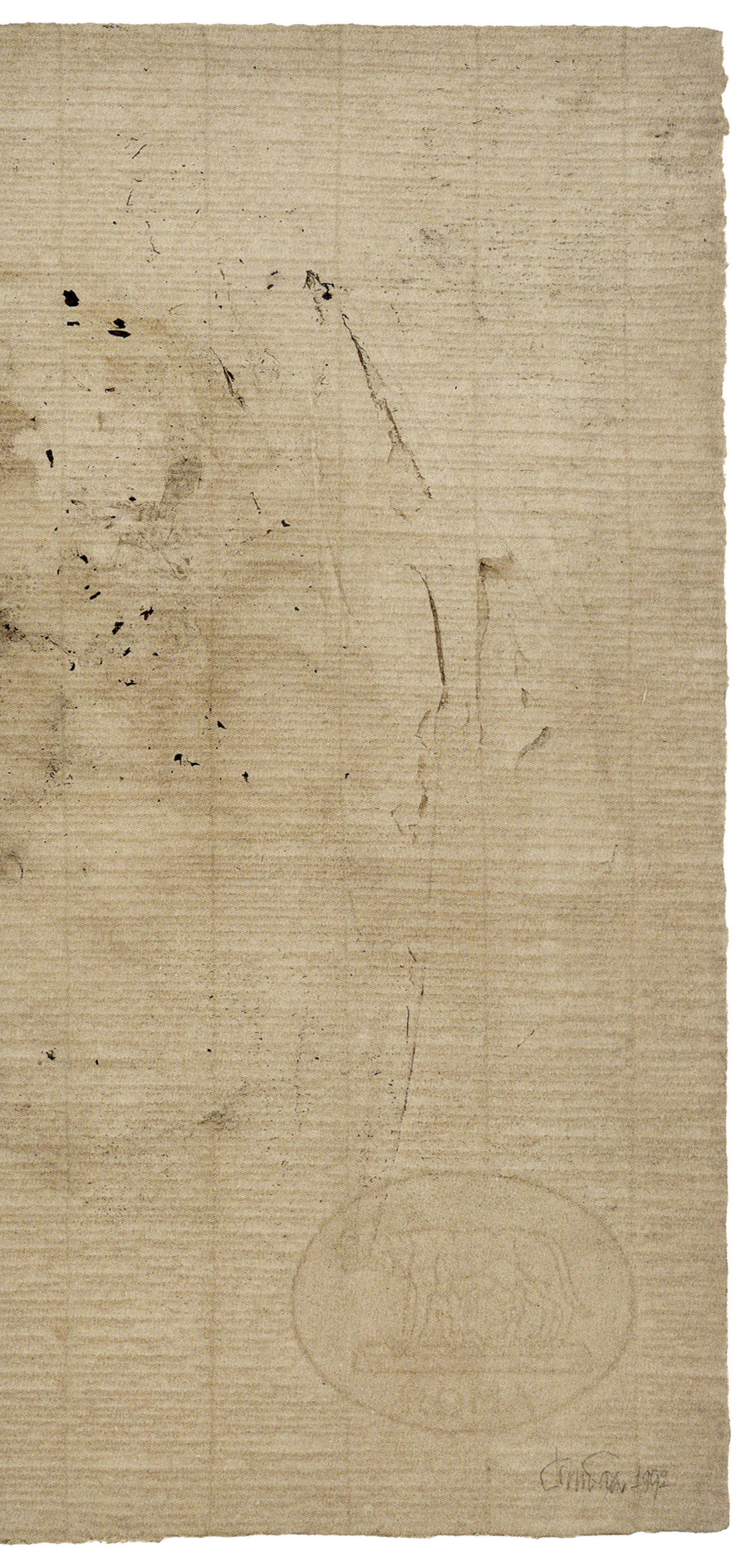

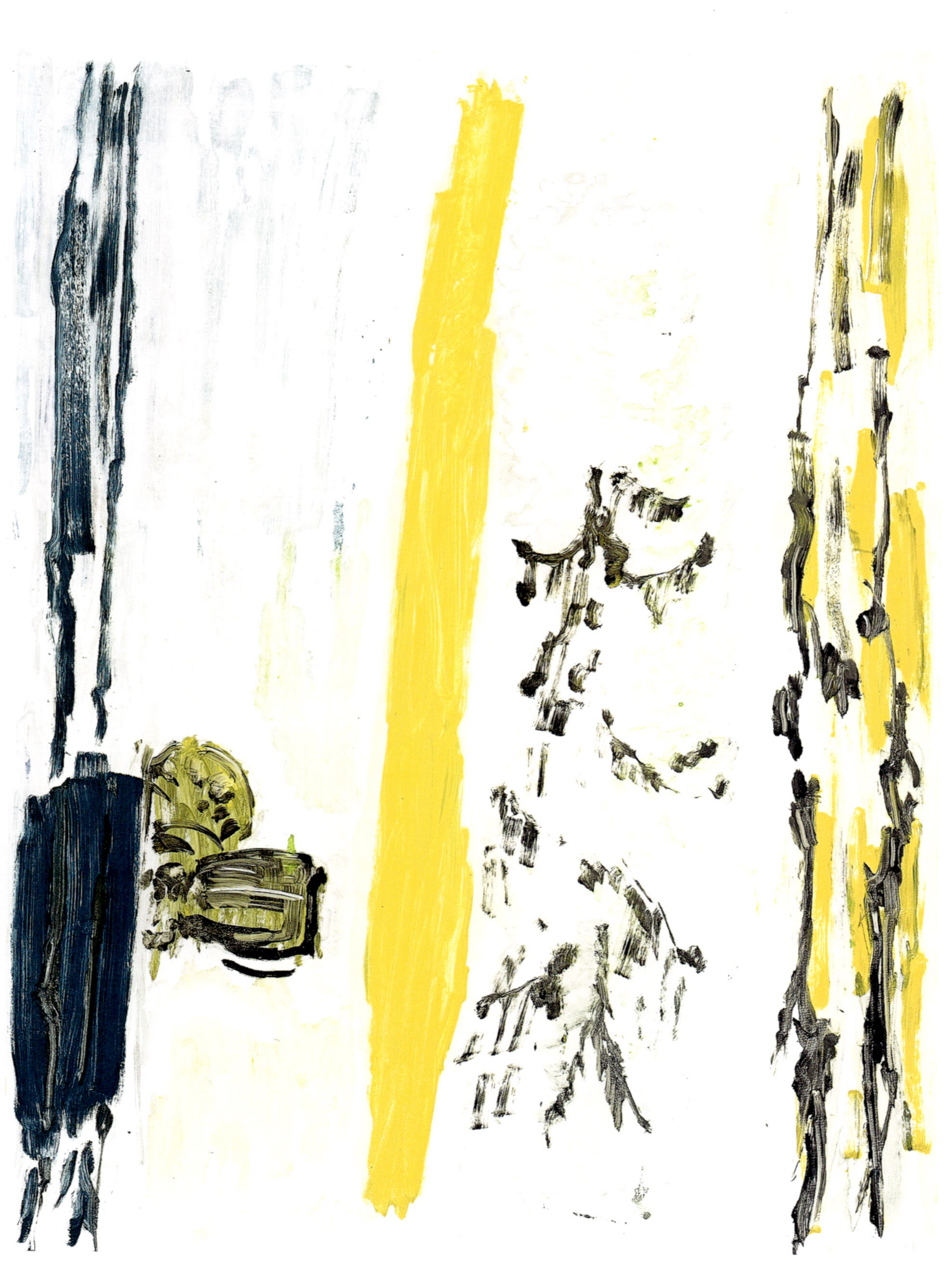

Ohne Titel, 2010

Per
Kirkeby

* 1938 in Kopenhagen, Dänemark,
† 2018 in Kopenhagen; Maler, Bildhauer,
Grafiker, Architekt und Dichter

Per Kirkeby hat sich seit 1988 intensiv
mit dem Medium Monotypie beschäftigt.
Seine oft großformatig ausgeführten
Monotypien auf weißen Fonds empfindet
er als „Schatten" seiner Malerei. Hier wie
dort treffen Erdstrukturen auf organische
Formen, Strahlen, Punkte und Schlieren.
In beiden Medien geht es ihm nicht um
das unmittelbare Abbilden, sondern um
die Eröffnung ausgedehnter Assoziations-
felder.
Dazu der Künstler selbst: „Die Monotypien
sind auch Ausradierungen. Ich male und
zeichne auf eine Metallplatte und führe
sie mit einem Blatt Papier abgedeckt
durch die Presse. Danach ist nichts mehr
auf der Platte ... Aber auf dem Papier
ist ein unwirklicher Abdruck ... Das ist in
der Tat ziemlich seltsam und erfordert
äußerste Anspannung, um dem Tod zu
entgehen."[10]

*Born in 1938 in Copenhagen, Denmark,
died in 2018 in Copenhagen; painter,
sculptor, printmaker, architect, and poet*

*Per Kirkeby worked intensively with
monotypes starting in 1988. He regarded
his monotypes, often large-format
works on a white ground, as "shadows"
of his paintings. In both, earthly struc-
tures meet organic forms, rays, dots,
and streaks. In both media, he is less
concerned with direct depiction than
with opening up extensive fields of
association.
The artist commented on this: "Monotypes are also erasures. I paint and
draw on a metal sheet. Covered by a
sheet of paper, I guide it through the
press. Afterwards, nothing is left on the
sheet . . . . But there is an unreal imprint
on the sheet of paper . . . Indeed, it is
strange and requires a high level of
exertion in order to escape from death."[10]*

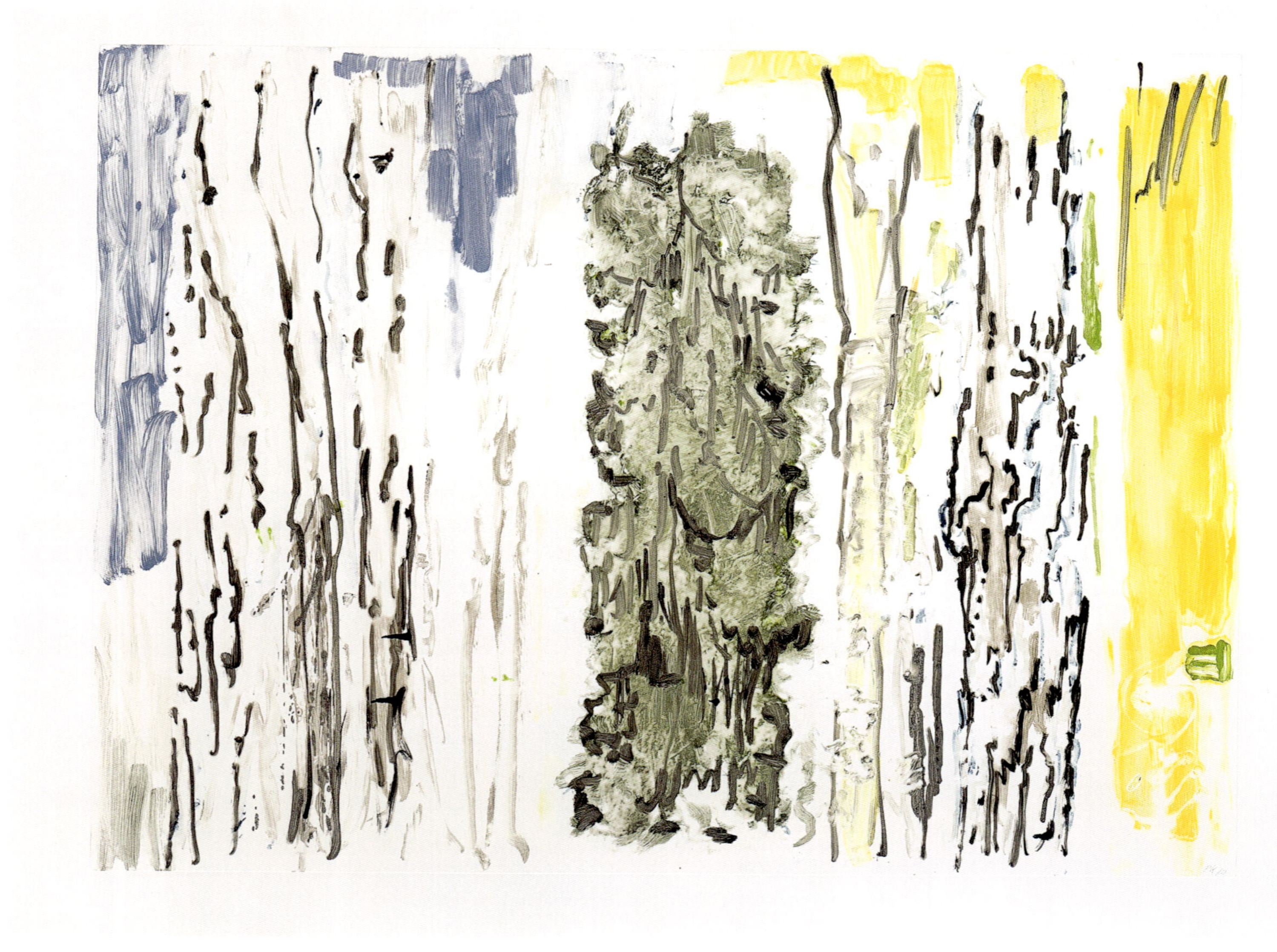

Per Kirkeby

Ohne Titel, 2010

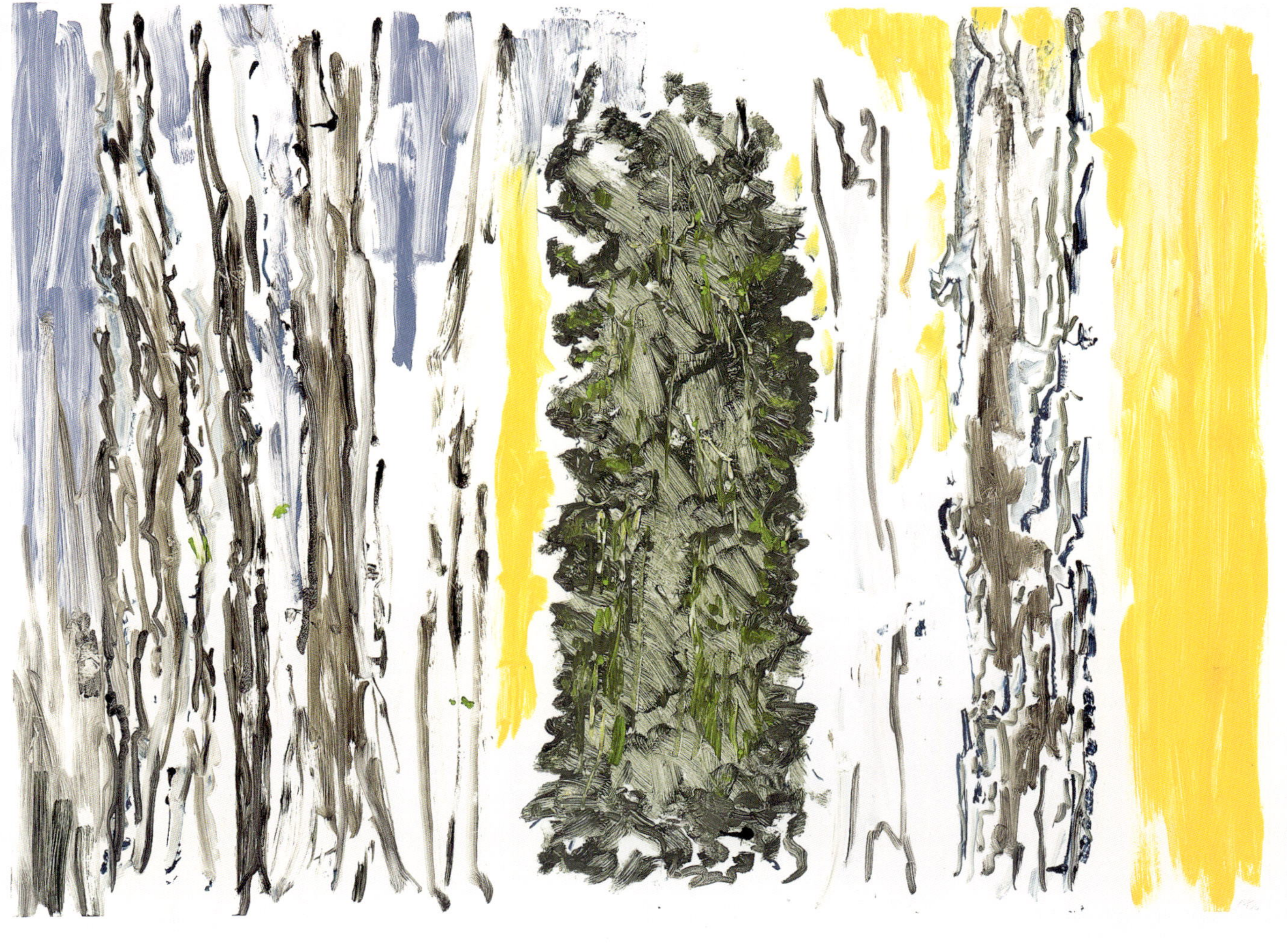

Per Kirkeby

Ohne Titel, 2010

Mia
Chaplin

*1990 in Durban, Südafrika; Malerin,
Grafikerin und Bildhauerin, lebt und
arbeitet in Kapstadt, Südafrika

Einfühlsame, aber gleichzeitig auch enig-
matische Stillleben, Landschaften und
Figurenstudien bilden die Motive der
Malerei von Mia Chaplin. Ihr intuitiver
Malstil zeichnet sich durch einen pastosen
Farbauftrag und deutlich sichtbare Pinselstriche aus. Rein formal betrachtet, weist
er Bezüge zum Postimpressionismus
eines Édouard Vuillard oder dem Symbo-
lismus Edvard Munchs auf.
Auch in Chaplins Monotypien stehen
figurative Darstellungen im Fokus. Die
Arbeiten zeigen intime zwischenmensch-
liche Begegnungen, häufig aber auch
einzelne Frauen in der Zurückgezogenheit
ihrer Schlafzimmer. Der voyeuristische
Blick wird durch den hohen Abstraktions-
grad und die vieldeutige Art der Darstellung jedoch partiell wieder gebrochen.
Auch der dekorativ verzierte Vorhang
als Barriere zwischen öffentlichem und
privatem Raum gehört im Medium
Monotypie zu ihren bevorzugten Sujets.

*Born in 1990 in Durban, South Africa;
Cape Town–based painter, printmaker,
and sculptor*

*Mia Chaplin's paintings often include
still life, landscapes, and figure studies
that are simultaneously sensitive and
enigmatic. Her intuitive painting style is
characterized by an impasto application
of paint and clearly visible brushstrokes.
From a purely formal point of view, her
work unquestionably refers to the Post-
Impressionist Édouard Vuillard and the
Symbolist Edvard Munch.
Chaplin's monotypes feature figures in
intimate encounters as well as solitary
women in the seclusion of their bedrooms.
However, the voyeuristic gaze is some-
what diluted by the high degree of abstraction and the ambiguous nature of
these depictions. A decoratively embel-
lished curtain—a barrier between public
and private space—is another favorite
motif in her monotypes.*

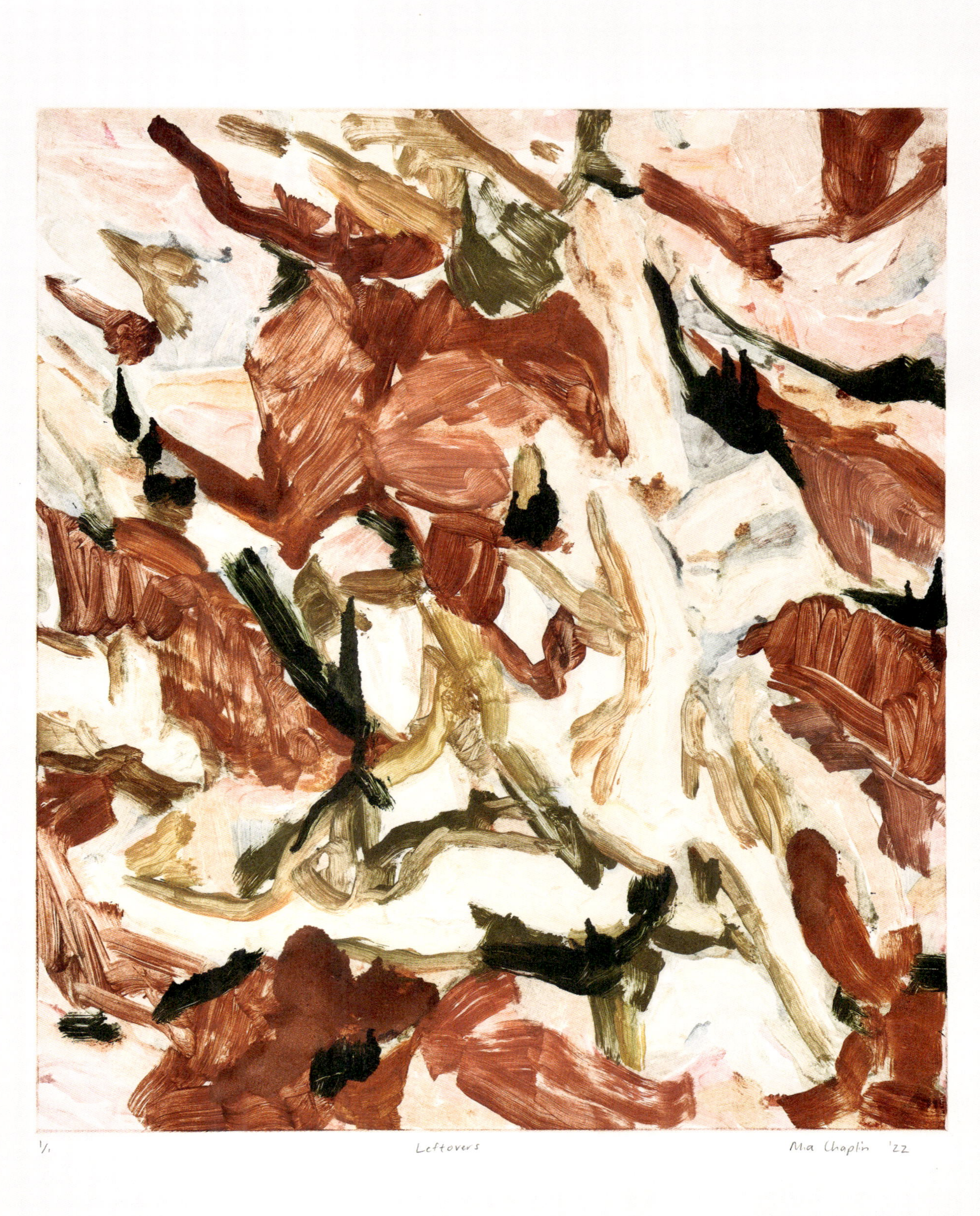

Mia Chaplin

Leftovers, 2022

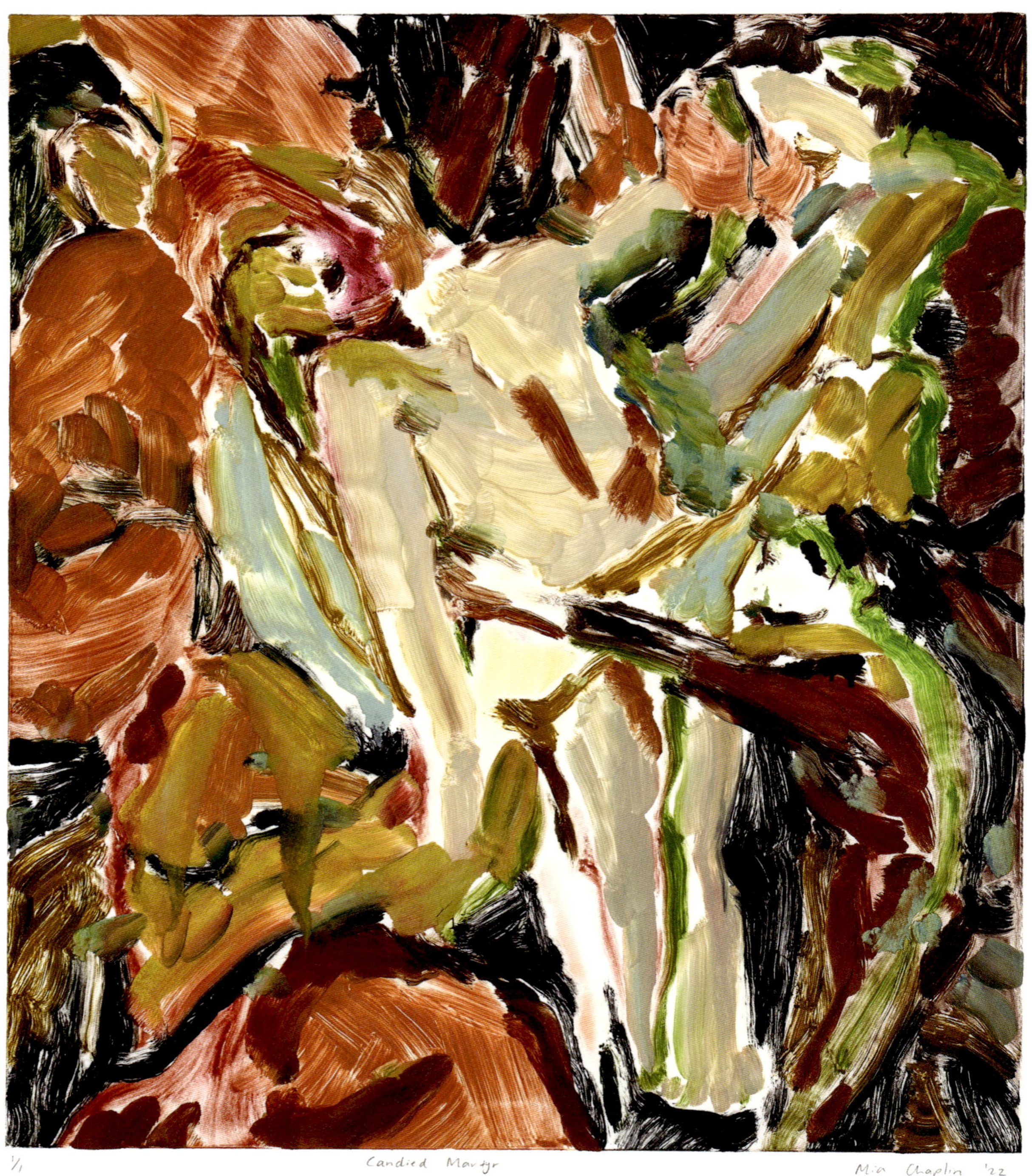

Mia Chaplin

Candied Martyr, 2022

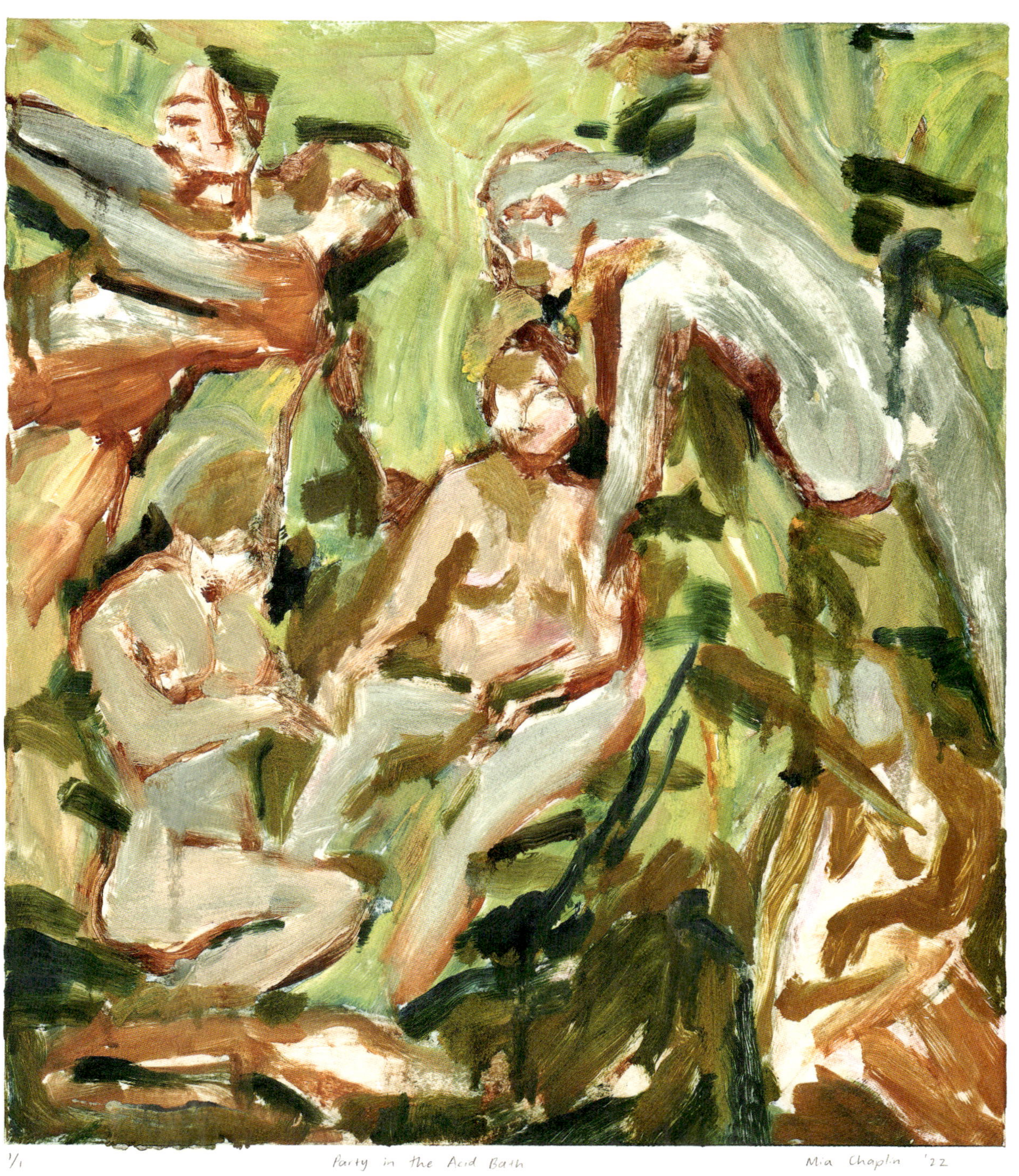

Mia Chaplin

Party in the Acid Bath, 2022

GERHARD RICHTER. MONOTYPIEN

Dietmar Elger

Gerhard Richter hat bereits in den 1960er Jahren Arbeiten geschaffen, die eigene Werke als Vorlagen oder Ausgangsmaterial verwenden. Zunächst waren dies fotografische Ausführungen nach gemalten Bildern. Das erste Beispiel, die Fotoarbeit *Olympia* (Werknummer 157a), entstand 1967 nach dem gleichnamigen und im Format fast identischen Gemälde. Dabei versteht Richter solche Fotofassungen nicht als fotografische Reproduktionen der gemalten Vorlagen, sondern als gleichwertige, medial neu reflektierte Werke. Bereits 1965 hatte Richter die Retrospektive von Marcel Duchamp in Krefeld gesehen, die damals durch mehrere europäische Städte wanderte. Die Präsentation faszinierte ihn und hinterließ in seinem Œuvre in mehrfacher Hinsicht ihre Spuren. Auf Duchamps berühmtes Gemälde *Akt eine Treppe herabsteigend* (1912) antwortet Richter auf zweierlei Weise. Zunächst 1966 mit dem Gemälde *Ema (Akt auf einer Treppe)* (134) und im Folgejahr mit der Fotofassung *Olympia* (157a). Auch Marcel Duchamp hatte in seiner Retrospektive eine Fotofassung des Gemäldes von 1912 präsentiert und damit das Verfahren der Authentifizierung fotografischer Ausführungen nach Gemälden legitimiert.

Später gehen Gerhard Richters Reflexionen und Rekreationen eigener Bilder weiter, indem er unterschiedliche Vorgehensweisen erprobt. Vor allem das mittelformatige *Abstrakte Bild* (724-4) von 1990 seziert er, um aus dessen Oberfläche die Werkgruppe der sogenannten Strips zu destillieren: komplexe, computergenerierte und bis zu zehn Meter breite Streifenkompositionen. Im Ergebnis handelt es sich um eigenständige Schöpfungen, die sich aber von einem Vor-Bild ableiten und auf dieses verweisen, auch wenn sich die Genese nicht zurückverfolgen lässt. Am Beginn des Entstehungsprozesses steht also nie eine leere weiße Fläche, sondern immer ein bereits abgeschlossenes Kunstwerk.

Dies gilt ebenso für Richters einzige Werkgruppe von Monotypien aus dem Jahr 2008, welche seine Hinterglasbilder *Sindbad* (905/1-100) aus jenem Jahr als Ausgangspunkt haben. Die hundertteilige Serie war Richters erster Versuch in dieser für ihn neuen Technik.

Die Monotypien entstanden als ein glückliches Beiprodukt. Für die Herstellung der Hinterglasbilder trug Richter zunächst farbige Kunstharzlacke auf eine glatte Fläche auf, anschließend vermalte er sie mit dem Pinsel und ließ sie ineinanderfließen. Im dem ihm richtig erscheinenden Augenblick drückt Richter schließlich eine Glasplatte in die Farbe und überträgt die momentane Komposition auf die Glasfläche. Erst in einem nachfolgenden Arbeitsschritt entsteht die Monotypie, wenn er mit einem Blatt Papier die überschüssige, dick an der Glasscheibe haftende Lackfarbe partiell wieder abnimmt. Dafür verwendet er Seiten aus einem Architekturbuch, sodass auf manchen Monotypien noch kleine Rückstände gedruckter Texte und Abbildungen sichtbar bleiben. Diesen Prozess und sein Ergebnis kann Richter nur bedingt kontrollieren und beeinflussen. Der Zufall spielt dabei eine entscheidende, mitgestaltende Rolle. Eine solche Art der Bildfindung hat Richter immer als einen Glücksfall für seine Arbeit empfunden und dazu erst kürzlich in einem Interview geäußert: „Bei meinen Bildern habe ich es eh immer mit dem Zufall zu tun und kriege gern etwas geschenkt. Ich habe das Gefühl, ich bekomme diese Bilder geschenkt."[11]

GERHARD RICHTER: MONOTYPES

Dietmar Elger

In the 1960s Gerhard Richter made works that used his own pieces as templates or starting points. This initially involved photographing paintings. The first example, the photographic work Olympia *(work no. 157a), was created in 1967 after a similarly sized painting with the same title. Richter did not regard such photographic versions as mere photographic reproductions of the painted originals, but rather as works of equal value expressed in a new medium. Richter had previously seen the Marcel Duchamp retrospective in Krefeld in 1965, an exhibition that toured a number of European cities. He was fascinated by the show, which left a lasting mark on his oeuvre. Richter responded to Duchamp's famous painting* Nude Descending a Staircase *(1912) in two separate works: the painting* Ema *(Nude on a Staircase) (134) in 1966 and the photographic work* Olympia *(157a) in 1967. In the retrospective, Duchamp had also presented a photographic version of his 1912 painting, legitimizing the practice of authenticating photographic versions of paintings.*

Richter later continued to recreate and reflect on his own paintings by trying out different approaches. Most significantly he dissected the medium-format Abstract Painting *(724-4) from 1990 to distil from its surface a group of works that he called* Strips. *These are complex, computer-generated compositions formed of stripes that are up to ten meters wide. The result is an independent work simultaneously derived from and referring to an existing image, though the genesis cannot be reconstructed, showing that the creative process never begins with a blank white surface, but rather with a previously completed work of art.*

This is equally true of Richter's sole series of monotypes from 2008, which are based on his reverse glass painting Sindbad *(905/1–100), also from 2008. The hundred-part series was Richter's first attempt at working with this new technique. The monotypes were created as a fortunate by-product. Richter applied colored resin lacquers to a smooth surface to make his works on glass, then painted over them with a brush and allowed them to flow into one another. At what Richter judged to be the right moment, he pressed a glass panel onto the paint and captured the fleeting composition on the glass surface. It was only in the subsequent step of the process that the monotype was created, when he partially removed the excess lacquer clinging to the glass panel with a sheet of paper. Specifically, he used pages from an architecture book, and traces of the printed text and illustrations are visible on some of the monotypes. Richter had only limited control over the process and its outcome. Chance played a decisive, contributory role. In his work, Richter had always equated this method of image creation to happenstance, and recently remarked in an interview, "In any case, there's almost always an element of chance in my paintings, and I like unexpected bonuses. I have the feeling that these paintings are all bonuses."[11]*

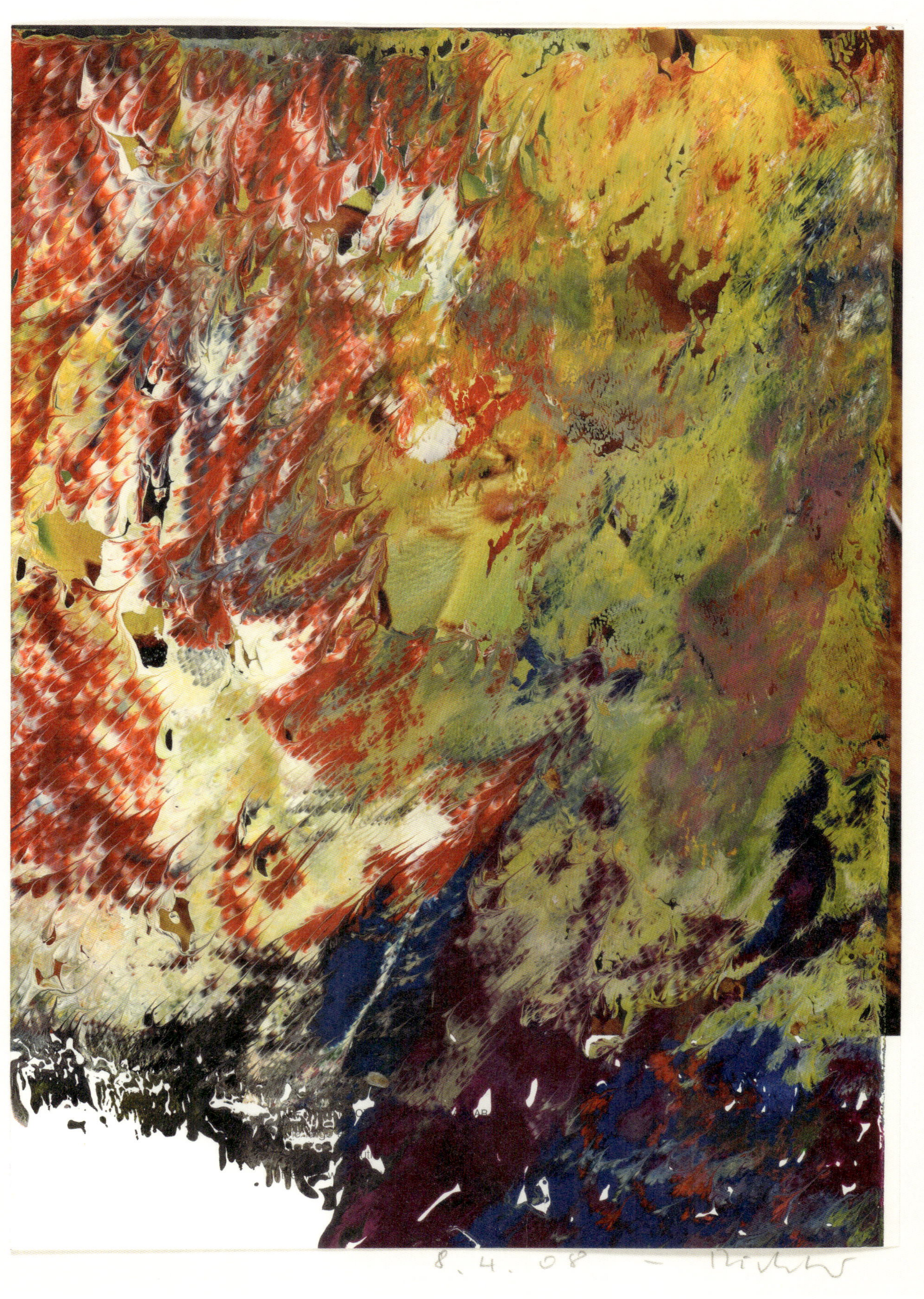

Gerhard Richter

08.04.2008, 2008

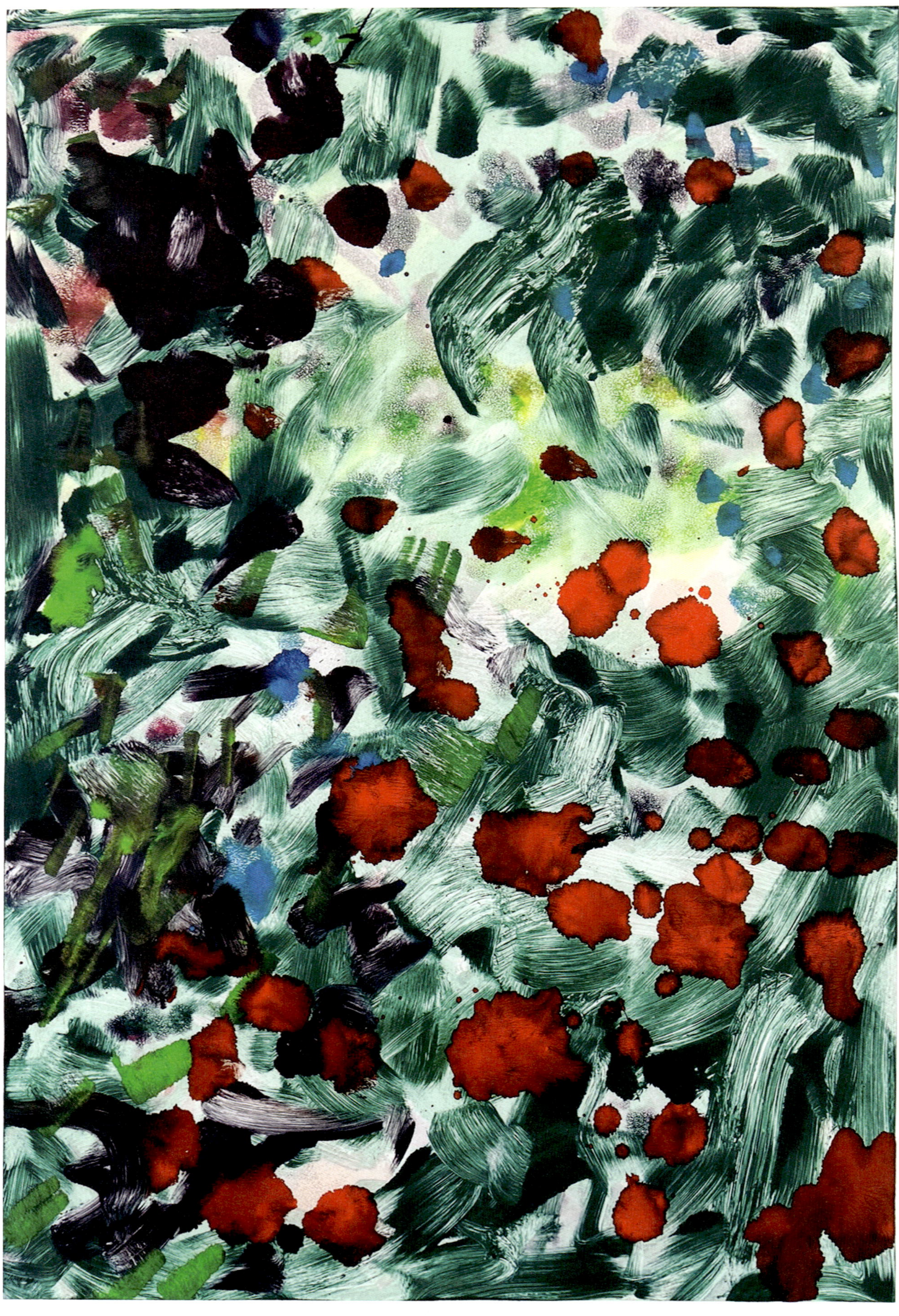

Herbert Brandl
Ohne Titel, 2020

Herbert Brandl

*1959 in Graz, Österreich; Maler, lebt und arbeitet in Wien und Schwanberg, Österreich

Der Kunsthistoriker Robert Fleck bescheinigt Herbert Brandl „ein außergewöhnliches Farbgefühl" und „ein unakademisches Verhältnis zur Malerei". Insgesamt verortet er ihn als einen „postkonzeptuellen Künstler", der sich immer auch mit den Bedingungen seines Tuns auseinandersetzt.[12] Eine Tatsache, die sicherlich nicht zuletzt darauf zurückzuführen ist, dass Brandl bei dem Medienkünstler und -theoretiker Peter Weibel studiert hat. Herbert Brandls Monotypien entstehen seit dem Jahr 2009. Zu seinen bevorzugten Sujets gehören Berglandschaften. Sie faszinieren durch ihre „Dichte, Plastizität und Leuchtkraft"[13]. Brandl arbeitet mit Plexiglasplatten, die einen spontanen und intuitiven Farbauftrag erlauben. Spritzer, Wischspuren und nebelartige Verunklärungen machen den besonderen Reiz seiner oft in Serien entstehenden Monotypien aus.

Born in 1959 in Graz, Austria; painter, based in Vienna and Schwanberg, Styria

Art historian Robert Fleck has described Herbert Brandl as having "an extraordinary sense of color" and an "anti-academic relationship to painting." All in all, Fleck sees him as an artist working from a "postconceptual foundation" who always considers the conditions under which he works.[12] Doubtless this focus is not least due to his having studied under media artist and theoretician Peter Weibel. Brandl has made monotypes since 2009, and his preferred subject are mountainous landscapes; their "density, plasticity, and brightness" is fascinating.[13] The artist works with plexiglass panels, which permits him to apply paint spontaneously and intuitively. Splatters, smudges, and misty patches lend a special charm to his monotypes, which are often created in series.

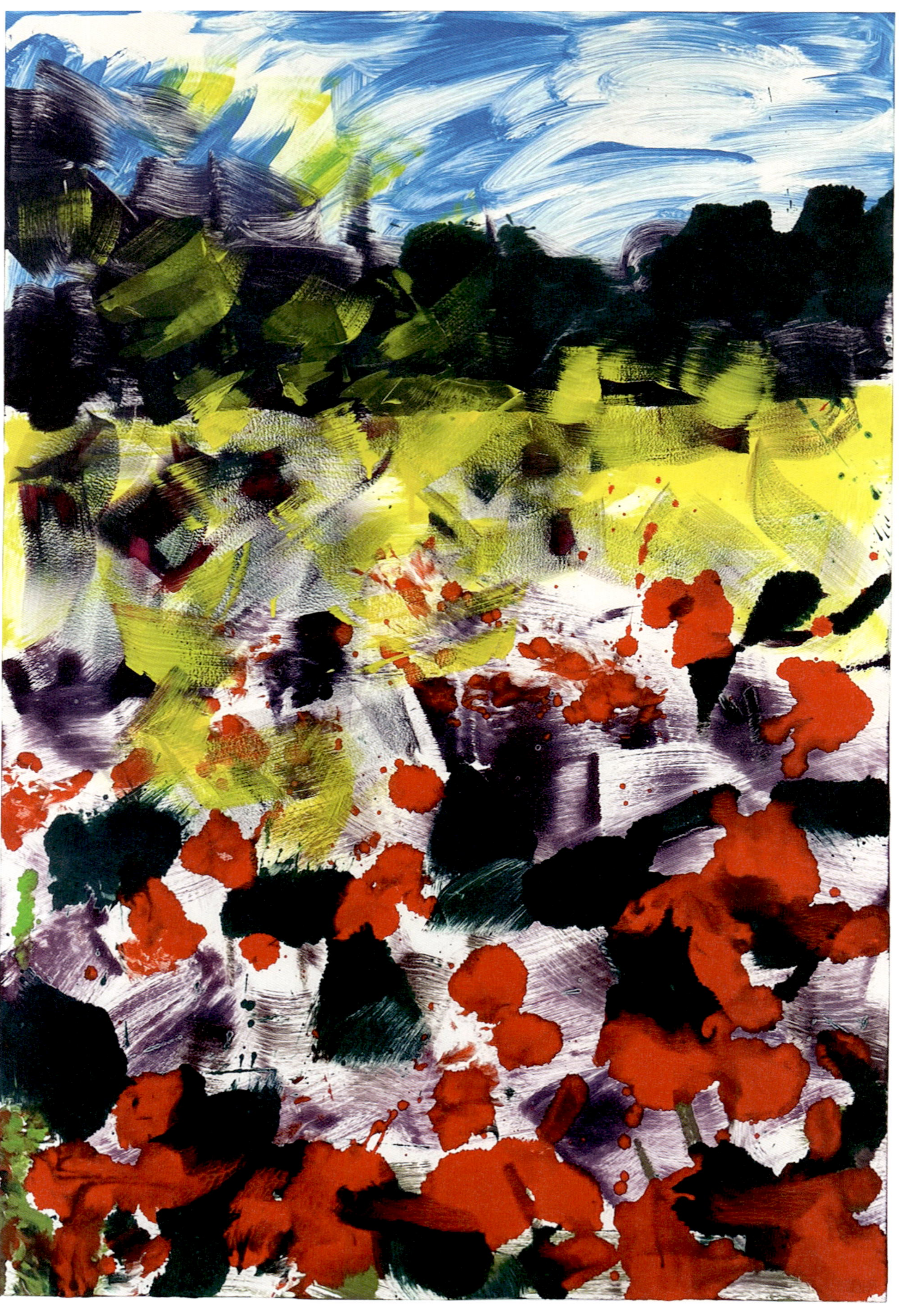

Herbert Brandl

Ohne Titel, 2020

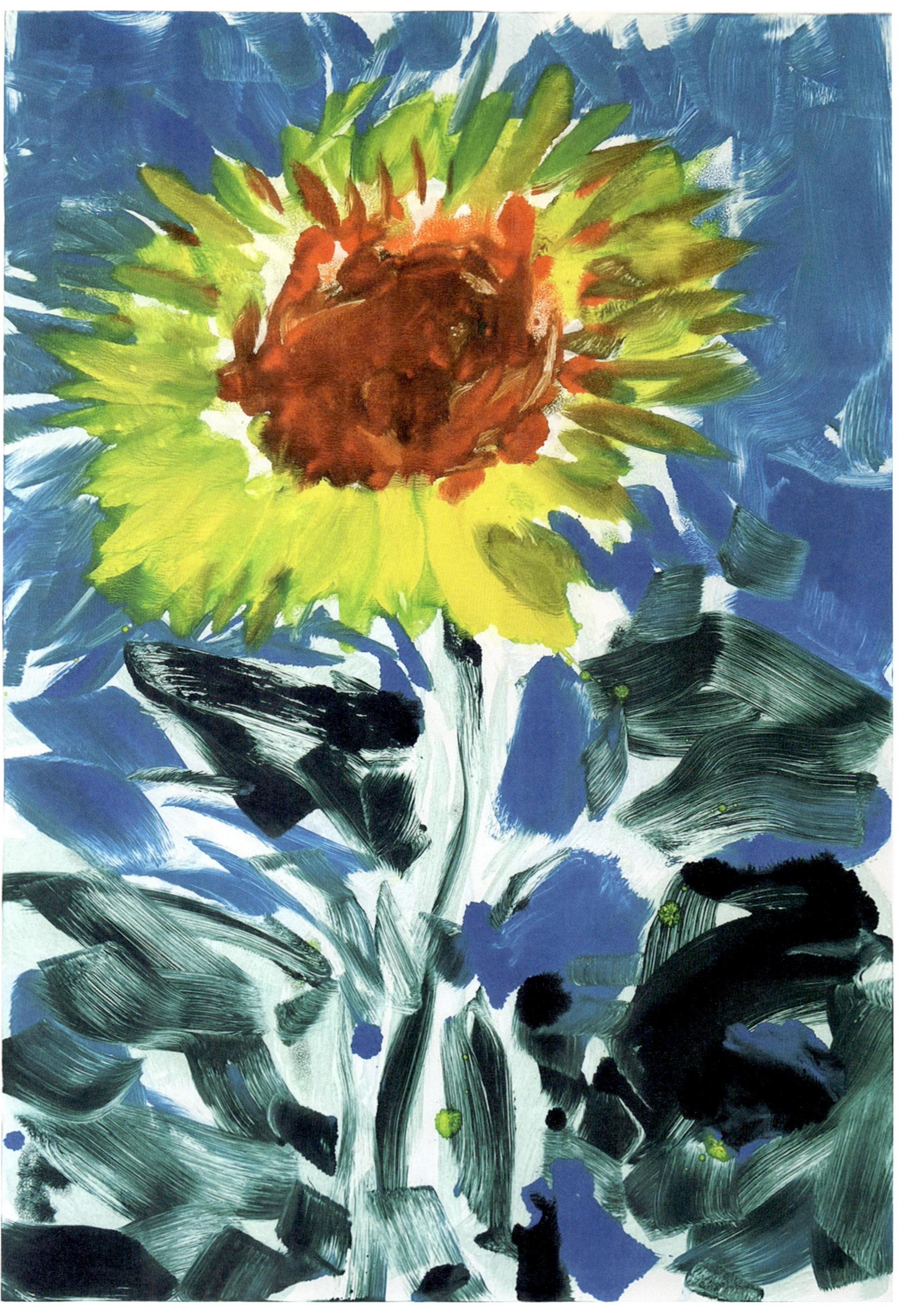

Herbert Brandl

Ohne Titel, 2020

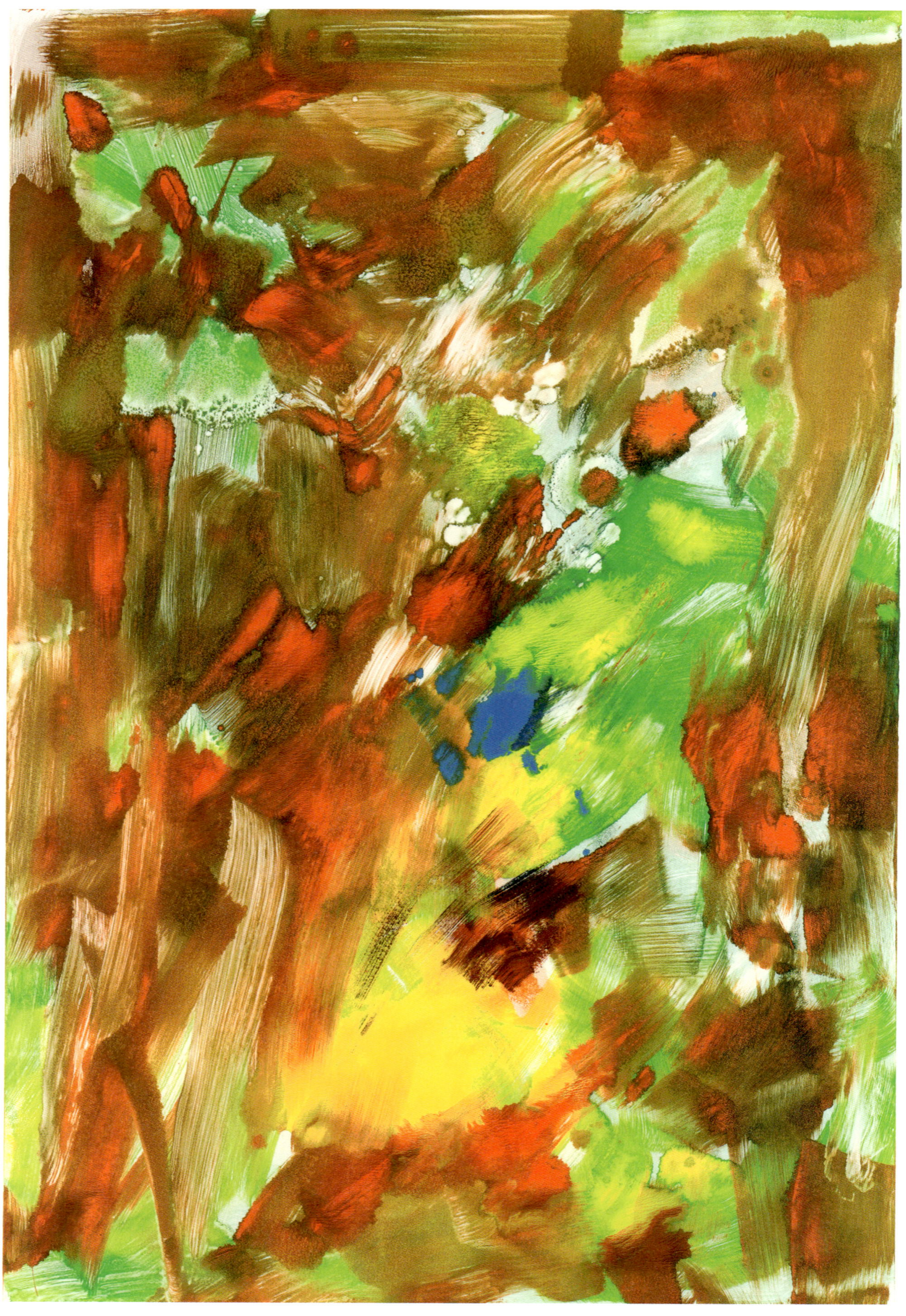

Herbert Brandl

SLIFF, 2020

Shara Hughes

*1981 in Atlanta, USA; Malerin, lebt und arbeitet in New York City, USA

Shara Hughes bevorzugt für ihre Mono-typien, die sie 2018 erstmals ausstellte, den Begriff „Monoprints". Hughes experi-mentiert mit einer Vielzahl von Farben, die sie mit verschiedenen Pinseln, Lappen und Wattestäbchen appliziert. Ihre land-schaftlich aufgefassten Motive entstehen intuitiv aus dem Malprozess und der Erinnerung heraus. Direkte Vorlagen benutzt sie nicht.

Shara Hughes bedient sich einer be-sonderen Technik. Nachdem sie den ersten Abdruck produziert und somit den größten Teil der Farbe auf Papier übertragen hat, bemalt sie bestimmte Partien der Platte erneut. Erst beim zweiten Druckprozess entsteht nun das einzige und finale Resultat. Im Ameri-kanischen bezeichnet man diese mehr-stufige Drucktechnik als „Ghost printing" (deutsch: Folgedruck).

Hughes formuliert den Unterschied zwischen den Medien Malerei und Monotypie folgendermaßen: „An meine Malerei gehe ich eigentlich mit großem Selbstbewusstsein heran. Wenn ich Monoprints mache, muss ich dagegen die Kontrolle vollkommen abgeben." [14]

Born in 1981 in Atlanta, USA; New York City–based painter

Shara Hughes prefers to describe her monotypes, which she first exhibited in 2018, with the term monoprints. *Hughes experiments with a broad array of colors that she applies using a variety of brushes, rags, and cotton swabs. Her landscape-based motifs emerge intuitively from the painting process itself as well as from her own memories. She does not use templates in her work.*

Hughes employs a very specific proce-dure. After producing her first print— and having already transferred most of the paint onto paper—she reapplies paint to certain parts of the plate. It is only during the second printing process that the single and final image is created. This multistage printing technique is known as ghost printing.

Hughes articulates the difference between the media of painting and monotype as follows: "I consider myself pretty confident in making paintings. Making the mono-prints was definitely something that felt really out of my control." [14]

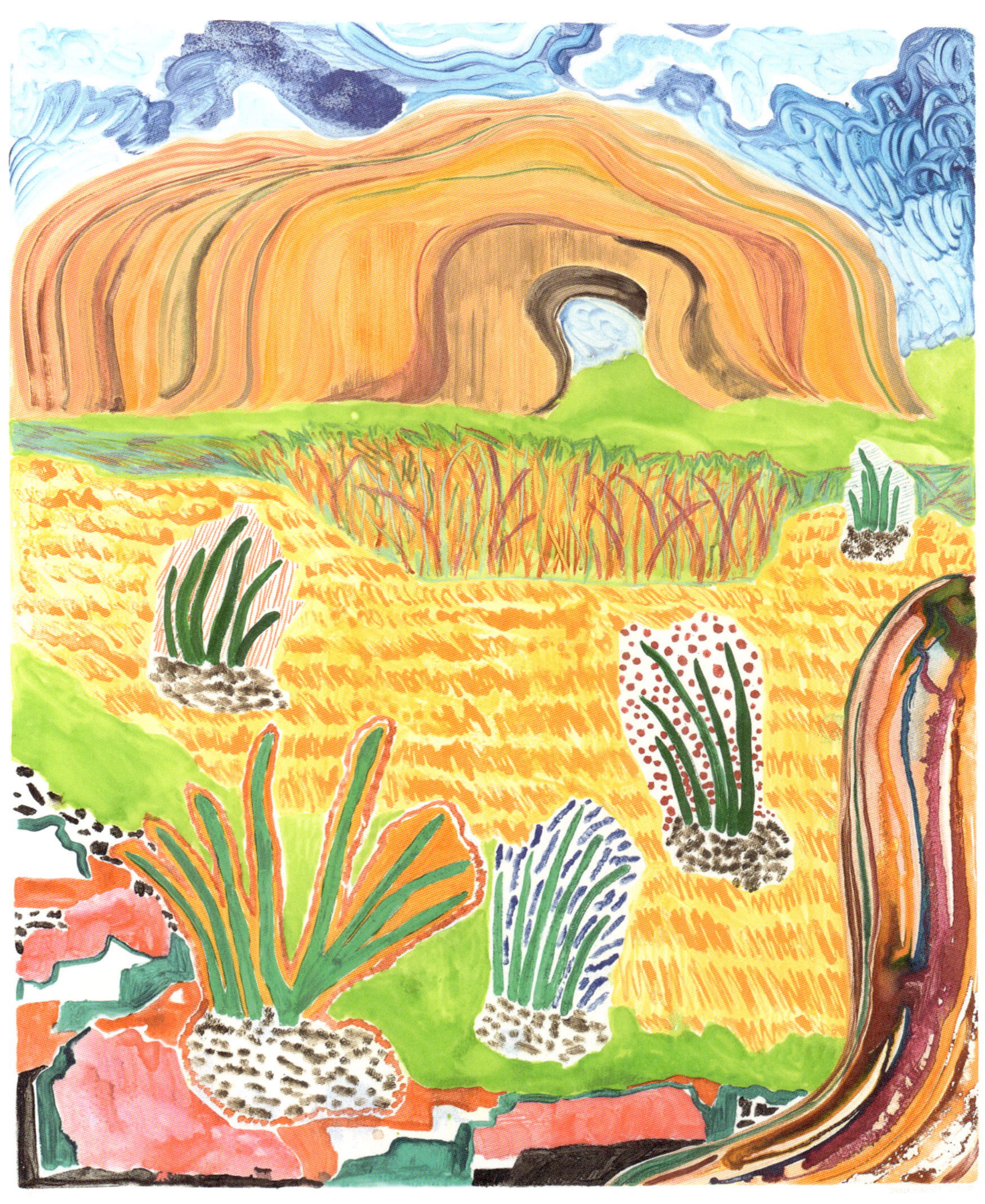

 Find Your Ground, 2020

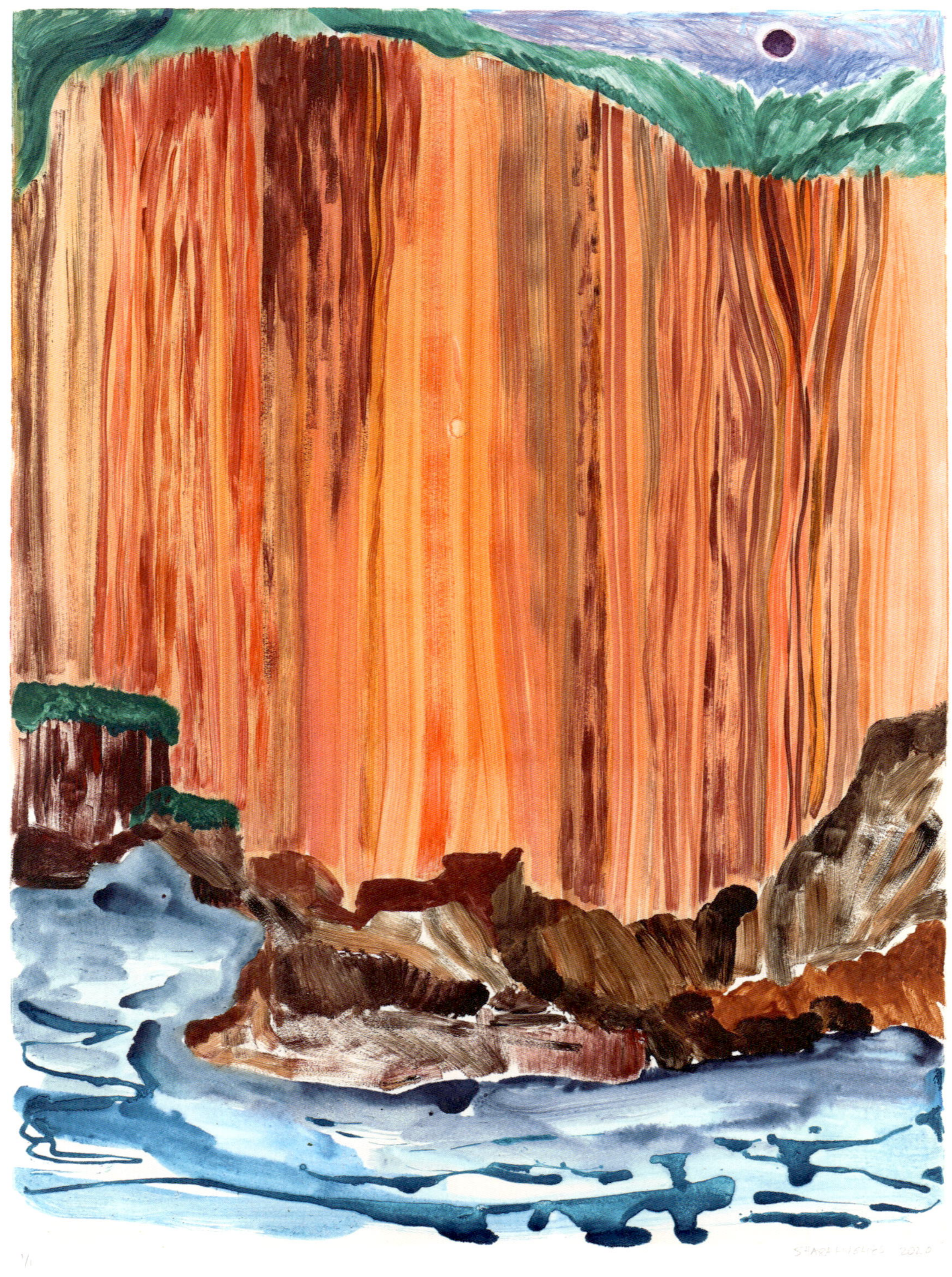

Shara Hughes

Blocking It Out, 2020

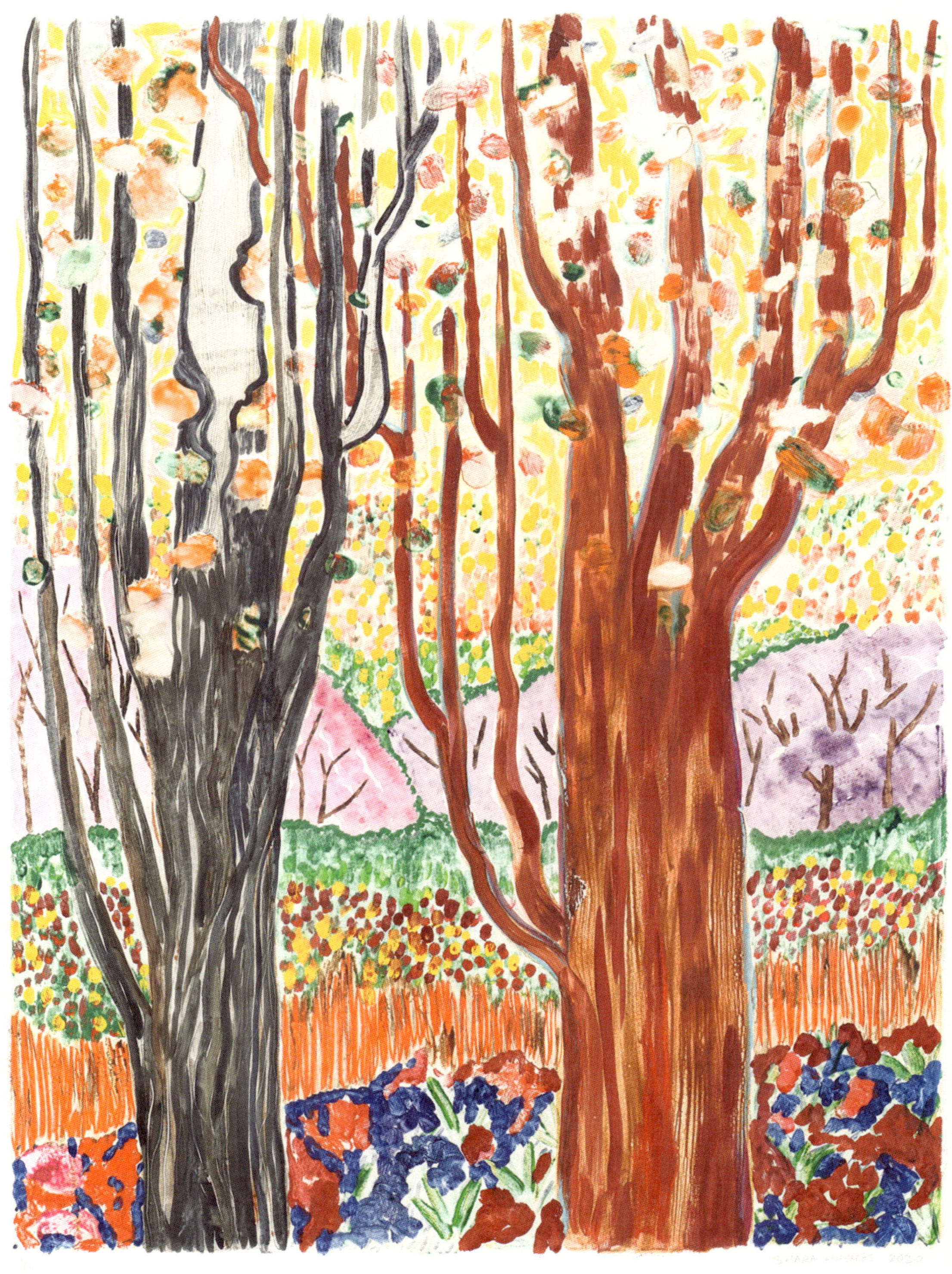

Shara Hughes

Get It Right 2, 2020

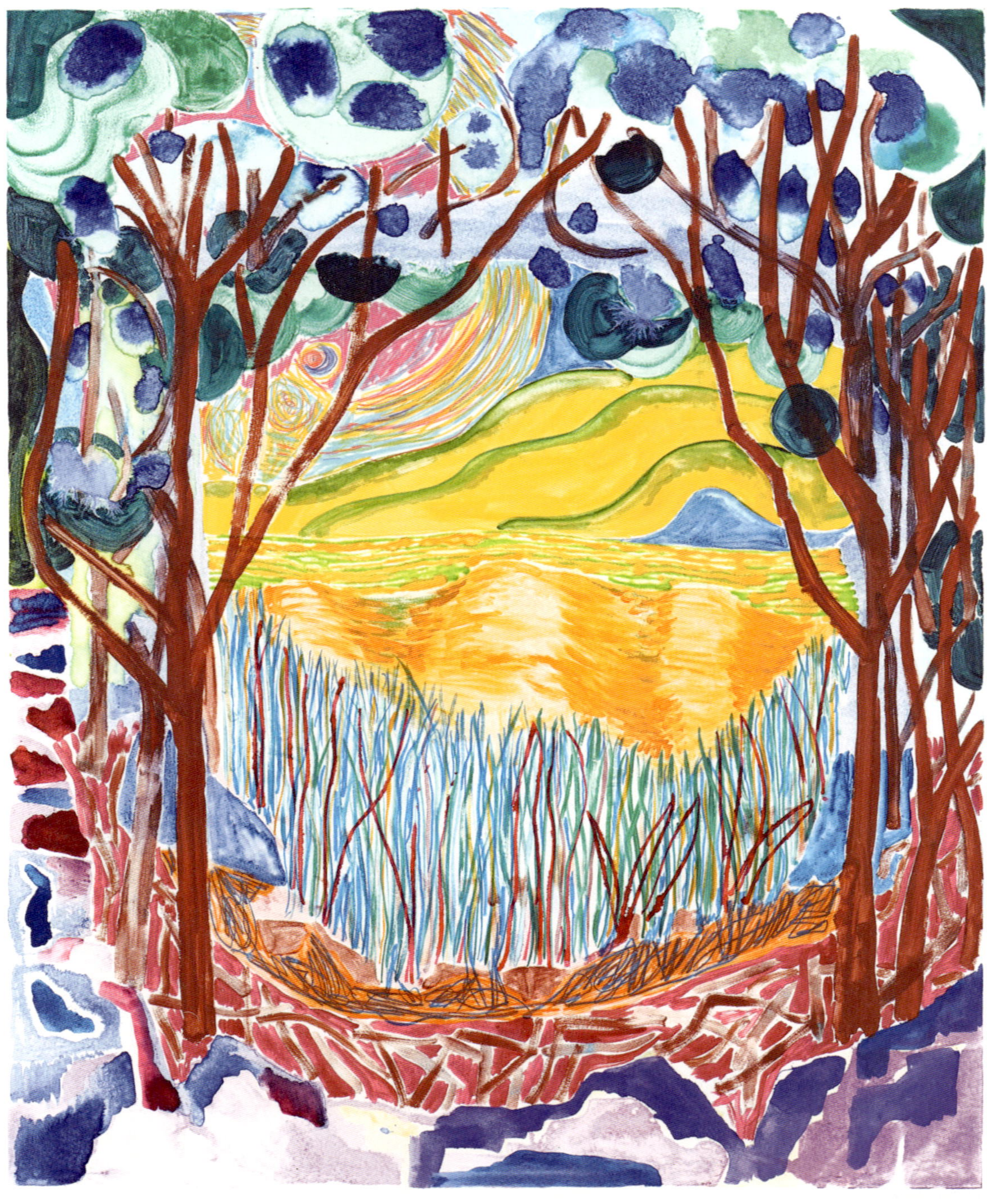

Shara Hughes   Setting the Stage 2, 2020

Endnoten
Endnotes

1 Josh Smith in: „Realism and Abstraction", *The Painting Factory*, online: http://www.david-zwirner.com/artists/josh-smith [zuletzt abgerufen am 24. April 2023].
Josh Smith, "Realism and Abstraction," The Painting Factory, https://thepaintingfactory.net/artists/josh-smith/ (accessed on June 5, 2023).

2 Wolfgang Ellenrieder in einer E-Mail an Susanne Pfleger am 23.12.2021.
Wolfgang Ellenrieder, email to Susanne Pfleger, December 23, 2021; translated here by Sylee Gore.

3 David Mildner in einer E-Mail an Susanne Pfleger am 21.12.2021.
David Mildner, email to Susanne Pfleger, December 21, 2021.

4 Carla Esposito Hayter, *The Monotype. The History of a Pictorial Art*, Mailand 2007, S. 206.
Carla Esposito Hayter, The Monotype: The History of a Pictorial Art *(Milan: Skira, 2007), 206.*

5 Ibid., 24.

6 Dieter Koepplin, „André Thomkins über seine Druckgrafik befragt", in: *André Thomkins. Die Druckgrafik und Monotypisches*, Zürich 1977, o. S.
André Thomkins, quoted in Dieter Koepplin, "André Thomkins über seine Druckgrafik befragt," in André Thomkins: Die Druckgrafik und Monotypisches (Zurich: Galerie und Edition Stähli, 1977); translated here by Sylee Gore.

7 Ulrike Teusner im Interview mit Thomas Girst, 2020, online: https://ulrike-theusner.de/wp-content/uploads/2014/06/interview-girst-Kopie.pdf [zuletzt abgerufen am 24. April 2023].
Ulrike Theusner, "Jedes Bild ist eine Bühne, jedes Werk ein kleines Stück," interviewed by Thomas Girst, 2020, https://ulrike-theusner.de/wp-content/uploads/2014/06/interview-girst-Kopie.pdf (accessed on June 5, 2023).

8 Günther Förg in: Andreas Schlaegel, „Review", in: *Frieze*, Issue 4, Spring 2012, online: http://www.frieze.com/article/günther-förg [zuletzt abgerufen am 24. April 2023].
Albert Oehlen, "Günther Förg: Galerie Max Hetzler," Frieze, *review by Andreas Schlaegl, February 8, 2012, https://www.frieze.com/article/g%C3%BCnther-f%C3%B6rg (accessed on June 5, 2023).*

9 John Cage in: Steve Marshall, *John Cage's I Ching chance operations*, online: http://www.biroco.com/yijing/cage.htm [zuletzt abgerufen am 24. April 2023].
John Cage, quoted in Steve Marshall, "John Cage's I Ching Chance Operations," Biroco, http://www.biroco.com/yijing/cage.htm (accessed on June 5, 2023).

10 „Per Kirkeby—Monotypes (Julius Werner Berlin)", online: http://www.artnet.de/galerien/galerie-michael-werner/per-kirkeby-monotypien-julius-werner-berlin/ [zuletzt abgerufen am 24. April 2023].
"Per Kirkeby—Monotypes (Julius Werner Berlin)," Artnet, http://www.artnet.de/galerien/galerie-michael-werner/per-kirkeby-monotypien-julius-werner-berlin/ (accessed on June 5, 2023), translation modified.

11 Gerhard Richter in: „Hans Ulrich Obrist: Interview mit Gerhard Richter", in: *Gerhard Richter. Bücher*, Gerhard Richter Archiv / Staatliche Kunstsammlungen Dresden, 2013, S. 112/113.
Gerhard Richter, "Hans Ulrich Obrist: Interview with Gerhard Richter," in Gerhard Richter: Books*, ed. Dietmar Elger (New York: Gregory R. Miller, 2014), 107.*

12 Robert Fleck, „Haupt- und Parallelhandlung", in: *24/7. Herbert Brandl*, hg. v. Sandro Droschl, Ausst.-kat. Künstlerhaus Halle für Kunst & Medien Graz, Köln, 2020, S. 84.
Robert Fleck, "Haupt- und Parallelhandlung," in 24/7: Herbert Brandl, ed. Sandro Droschl (Graz: Künstlerhaus Halle für Kunst & Medien; Cologne: König, 2020), 90.

13 Sandro Droschl in ibid., 76.

14 Shara Hughes in: *Shara Hughes on Painting Her First Series of Monotypes for ‚Surprise Anxiety'*, Vimeo, 27. Februar 2018, online: https://vimeo.com/257646047 [zuletzt abgerufen am 24. April 2023].
Pace Prints, "Shara Hughes on Painting Her First Series of Monotypes for 'Surprise Anxiety,'" Vimeo, February 27, 2018, https://vimeo.com/257646047 (accessed on June 5, 2023).

Werkliste
List of Works

S. | *p. 30*
Wolfgang Ellenrieder
Cash, 2022
Monotypie auf Büttenpapier
Monotype on handmade paper
76 × 52 cm

S. | *pp. 75–79*
Günther Förg
Ohne Titel, 1989
Monotypien | *Monotypes*
Jedes Blatt | *Each sheet*: 35 × 27,5 cm
12 Monotypien Serie B

S. | *p. 103*
Shara Hughes
Find Your Ground, 2020
Aquarell-Monotypie | *Watercolor monotype*
Blatt | *Sheet*: 123,2 × 101 cm
Motiv | *Motif*: 101 × 80,6 cm

S. | *p. 104*
Shara Hughes
Blocking It Out, 2020
Aquarell-Monotypie | *Watercolor monotype*
Blatt | *Sheet*: 93,3 × 69,2 cm
Motiv | *Motif*: 75,9 × 55,5 cm

S. | *p. 105*
Shara Hughes
Get It Right 2, 2020
Aquarell-Monotypie | *Watercolor monotype*
Blatt | *Sheet*: 93,3 × 69,2 cm
Motiv | *Motif*: 76,2 × 55,5 cm

S. | *p. 106*
Shara Hughes
Setting the Stage 2, 2020
Aquarell-Monotypie | *Watercolor monotype*
Blatt | *Sheet*: 123,5 × 101 cm
Motiv | *Motif*: 101 × 81 cm

S. | *p. 84*
Per Kirkeby
Ohne Titel, 2010
Monotypie | *Monotype*
Blatt | *Sheet*: 186 × 139 cm
Motiv | *Motif*: 159,5 × 118,5 cm

S. | *pp. 86, 87*
Per Kirkeby
Ohne Titel, 2010
Monotypie | *Monotype*
Blatt | *Sheet*: 139 × 186 cm
Motiv | *Motif*: 118,5 × 159,5 cm

S. | *p. 33*
David Mildner
Thesis of Existence, 2021
Monotypie auf handgemachten japanischen Papier
Monotype on handmade Japan paper
113 × 103 cm

S. | *p. 95*
Gerhard Richter
08.04.2008, 2008
Öl auf Papier | *Oil on paper*
Blatt | *Sheet*: 29,5 × 21 cm
Rahmen | *Frame*: 44 × 40 cm
Privatsammlung Köln | *Private collection, Cologne*

S. | *p. 21*
Josh Smith
Ghost, 2015
Monotypie | *Monotype*
Blatt | *Sheet*: 85 × 68,5 cm
Rahmen | *Frame*: 90 × 73,5 cm

S. | *p. 23*
Josh Smith
Untitled, 2019
Monotypie auf Somerset Papier
Monotype on Somerset paper
Blatt | *Sheet*: 91.5 × 68.5
Rahmen | *Frame*: 101.5 × 76.5 × 3.5 cm

S. | *p. 24*
Josh Smith
Untitled, 2019
Monotypie auf Plike Papier
Monotype on Plike paper
Blatt | *Sheet*: 91,5 × 68,5 cm
Rahmen | *Frame*: 101,5 × 76,5 × 3,5 cm

S. | *pp. 25, 27*
Josh Smith
Untitled, 2019
Monotypie auf Plike Papier
Monotype on Plike paper
Blatt | *Sheet*: 93,5 × 68 cm
Rahmen | *Frame*: 101,5 × 76,5 × 3,5 cm

S. | *p.* 63
Ulrike Theusner
Love Affair, 2019
Monotypie | *Monotype*
Blatt | *Sheet*: 44,9 × 33 cm
Motiv | *Motif*: 39,1 × 29,5 cm
Sammlung GOLDZAKK.ART

S. | *p.* 64
Ulrike Theusner
Lady & Death, 2020
Monotypie | *Monotype*
Blatt | *Sheet*: 46,2 × 35,2 cm
Motiv | *Motif*: 39,1 × 29,5 cm
Sammlung Droege

S. | *p.* 65
Ulrike Theusner
Two Boys, 2019
Monotypie | Monotype
Blatt | *Sheet*: 46,2 × 35,2 cm
Motiv | *Motif*: 39,1 × 29,4 cm
Sammlung Droege

S. | *p.* 67
Ulrike Theusner
Portrait of the Artist, 2019
Monotypie | *Monotype*
Blatt | *Sheet*: 46,4 × 35,5 cm
Motiv | *Motif*: 39,1 × 29,5 cm
Sammlung Droege

S. | *pp.* 17, 19
Josef Zekoff
Ohne Titel, 2022
Monotypie, Acryl auf Zerkall Alt Bern, 150g
Monotype, acrylic on paper, Zerkall Alt Bern, 150 g
69 × 49,5 cm

Referenzbilder | *Comparative Illustrations*

S. | *p.* 39
Camille Pissarro
Femme lavant ses pieds dans un ruisseau,
ca. 1894–95
Monotypie auf gewebten Papier
Monotype on wove paper
Blatt | *Sheet*: 15,3 × 20,4 cm
Platte | *Plate*: 12,7 × 17,6 cm

S. | *p.* 38
Giovanni Benedetto Castiglione
Die Erschaffung des Adam [*The Creation of Adam*],
1642
Monotypie in schwarzer Farbe auf Elfenbeinpapier
Monotype in black ink on ivory laid paper
30,3 × 20,3 cm

S. | *p.* 39
Henri Matisse
Visage d'Emma tourné à gauche
Monotypie auf chinesischem Papier
Monotype on chine paper
Blatt | *Sheet*: 37,3 × 27 cm
Motiv | *Motif*: 19,6 × 14,8 cm

S. | *p.* 54
Yves Klein
ANT 82, Anthropométrie de l'époque bleue, 1960
Trockenes Pigment und Kunstharz auf Papier
angebracht an einer Leinwand | *Dry pigment and
synthetic resin on paper mounted on canvas*
156,5 × 282,5 cm

S. | *pp.* 38–39
Edgar Degas
Trois danseuses, 1878
Monotypie auf Papier | *Monotype on paper*
Blatt | *Sheet*: 35,6 × 51,3 cm
Platte | *Plate*: 19,9 × 41,6 cm

S. | *p.* 55
André Thomkins
Ohne Titel, n.d. (1959/60)
Knüllbild auf Papier | *Crumpled print on paper*
20 × 21 cm

S. | *pp.* 54–55
Rütjer Rühle
Mühlsteine II, 1994/95
Öl und Mischtechnik auf Leinwand
Oil and mixed media on canvas
237 × 312 cm

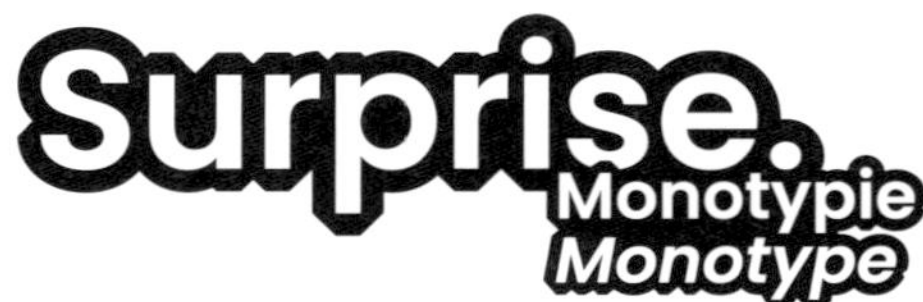

Diese Publikation erscheint anlässlich der Ausstellung | *This catalogue is published on the occasion of the exhibition*

Surprise. Die Kunst der Monotypie
Surprise: The Art of the Monotype
Städtische Galerie Wolfsburg
2. April bis 14. August 2022
April 2 to August 14, 2022

Herausgeber*innen | *Editors*
Susanne Pfleger und | *and* Matthias Kunz

Autor*innen | *Authors*
Nicole Büsing und | *and* Heiko Klaas (Künstler-
*innentexte und Interview | *Artist texts and inter-
view*), Dietmar Elger, Alexander Linn, Friedemann
Malsch, Susanne Pfleger

Redaktion | *Editing*
Corinna Wolfien, Leo & Wolf

Koordination | *Coordination*
Viktoria Bethmann

Übersetzung | *Translation*
Sylee Gore

Lektorat | *Copyediting*
Leonie Pfennig, Leo & Wolf
(Deutsch | *German*)
Tas Skorupa
(Englisch | *English*)

Gestaltung | Graphic design
Susann Dietrich

Schrift | *Typeface*
Poppins

Cover
Shara Hughes, *Setting the Stage 2*, 2020

Bildbearbeitung | *Image editing*
Susann Dietrich

Gesamtherstellung | *Production*
Snoeck Verlagsgesellschaft mbH
PO Box 130217
50496 Cologne
www.snoeck.de

© 2024 Snoeck Verlagsgesellschaft, Cologne
und | *and* Städtische Galerie Wolfsburg

© 2024 für die Texte: die Autor*innen | *for the texts:
the authors*

Erschienen im | *Published by*
Snoeck Verlagsgesellschaft, Cologne

ISBN 978-3-86442-430-4

Printed in Germany

Bildnachweis | *Image Credits*

Wenn nicht anders angegeben | *Unless otherwise noted*: © die Künstler*innen | *the artists*

Für die Werke von | *For the works by* Herbert Brandl, John Cage, Mia Chaplin, Shara Hughes und | *and* Per Kirkeby: Courtesy die Künstler*innen und | *the artists and* Galerie Knust und Kunz

Für die Werke von | *For the works by* André Butzer: Courtesy der Künstler | *Courtesy the artist*

Für die Werke von | *For the works by John Cage*: Courtesy John Cage Trust, New York

Für die Werke von | *For the works by* Carroll Dunham: Courtesy Galerie Eva Presenhuber

Für die Werke von | *For the works by* Wolfgang Ellenrieder: 2024 Wolfgang Ellenrieder und | *and* VG-Bild Kunst Bonn, 2024

Für die Werke | *For the works by* von Günther Förg: © Estate Günther Förg, Suisse / VG Bild-Kunst, Bonn 2024
Courtesy Galerie Knust und Kunz

Für die Werke von | *For the works by* David Mildner: Courtesy David Mildner

Für die Werke von | *For the works by* Josh Smith: Courtesy Galerie Eva Presenhuber, Foto | *Photo*: Farzad Owrang und | *and* Tom Powel Imaging Inc.

Für die Werke von | *For the works by* Ulrike Theusner: *Courtesy* Galerie EIGEN + ART Leipzig/Berlin

Für die Werke von | *For the works by* Josef Zekoff: Courtesy der Künstler und | *the artist and* Galerie Knust und Kunz, © VG Bild-Kunst Bonn 2024, Foto | Photo: Manuel Carreón López

Referenzbilder | *Comparative Illustrations*

Giovanni Benedetto Castiglione: The Art Institute of Chicago, gift of an anonymous donor; restricted gifts of Dr. William D. and Sara R. Shorey, and Mr. and Mrs. George B. Young, 1985.1113

Edgar Degas: Courtesy Sterling and Francine Clark Art Institute, Williamstown, Massachusetts, USA, Foto | *Photo*: Michael Agee

Yves Klein: © The Estate of Yves Klein / VG Bild-Kunst, Bonn 2024

Henri Matisse: © Succession H. Matisse / VG Bild-Kunst, Bonn 2024

Camille Pissarro: The Met Fifth Avenue, Harris Brisbane Dick Fund, 1947

Rütjer Rühle: Contemporary Art Foundation / Kunstmuseum Liechtenstein, Vaduz, © Winrich-Rütjer Rühle

André Thomkins: Nachlass André Thomkins / Kunstmuseum Liechtenstein, Vaduz, © Nachlass des Künstlers | estate of the artist

Die Geltenmachung der Ansprüche gem. § 60h UrhG für die Wiedergabe von Abbildungen der Exponate / Bestandswerke erfolgt durch die VG Bild-Kunst.

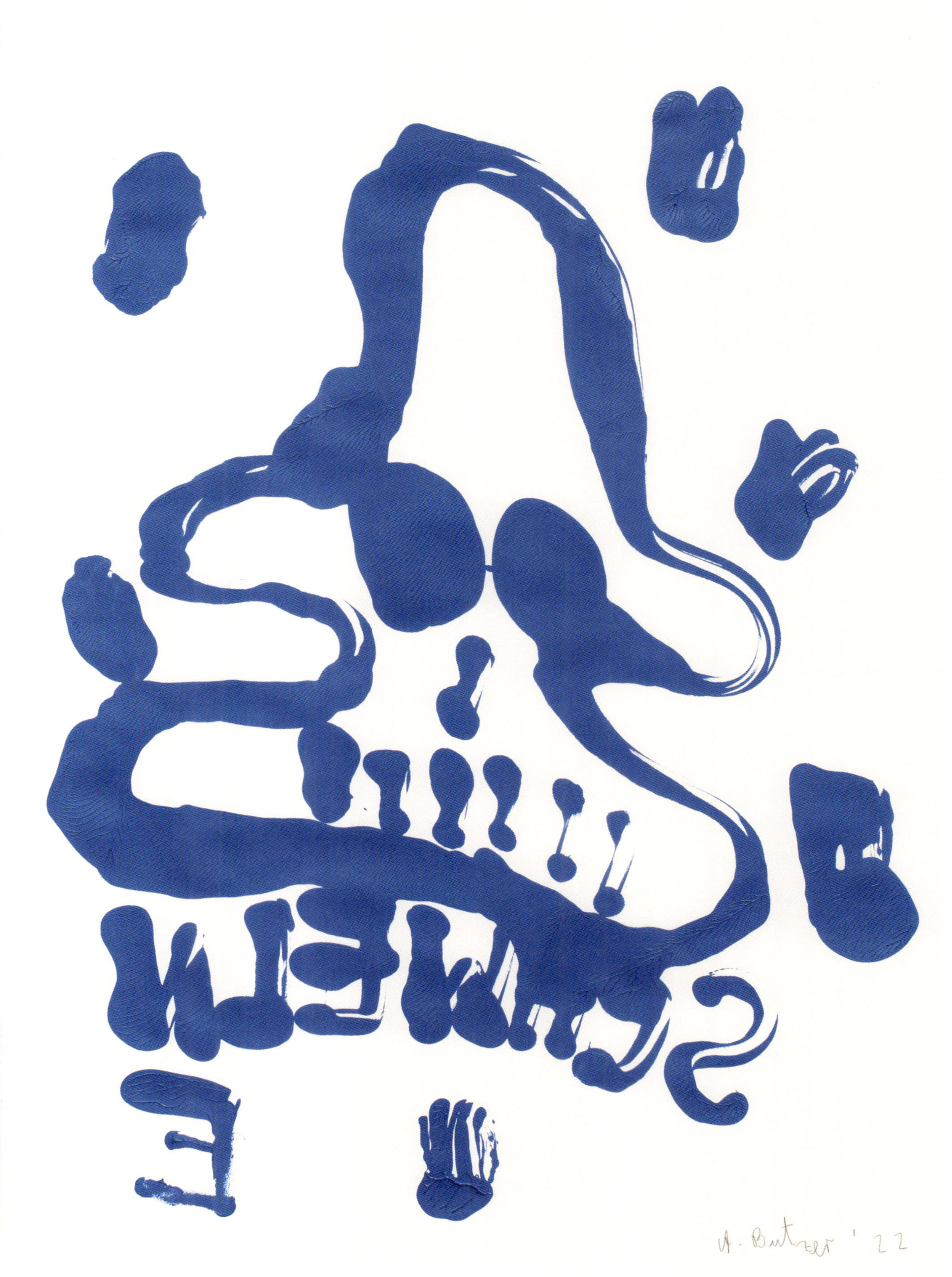

André Butzer

Ohne Titel (SCHWEINE), 2022